SCHIRMER'S LIBRARY OF MUSICAL CLASSICS

Fifty Selected Songs

by

Schubert, Schumann, Brahms, Wolf, and Strauss

For Low Voice

Original Texts with English Versions by
FLORENCE EASTON

For High Voice—Library Volume 1754
—→ For Low Voice—Library Volume 1755

ISBN 978-0-7935-5350-1

G. SCHIRMER, *Inc.*

DISTRIBUTED BY
HAL•LEONARD®
CORPORATION
7777 W. BLUEMOUND RD. P.O. BOX 13819 MILWAUKEE, WI 53213

CONTENTS

FRANZ SCHUBERT

ROBERT SCHUMANN

JOHANNES BRAHMS

HUGO WOLF

RICHARD STRAUSS

Rastlose Liebe

Restless Love

Johann Wolfgang von Goethe
English version by Florence Easton

Franz Schubert, Op. 5, No. 1
Composed 1815

Schnell, mit Leidenschaft
Allegro appassionato
Piano
p
cresc.
fp
Voice
Dem Schnee, dem Regen, dem Wind entgegen, im Dampf der Klüfte, durch Nebeldüfte, immer zu! immer zu! oh-
Through snow, through raindrops, the wind resisting, Through clouds of thunder, through fogs unending, Ever on! ever on! no-
f
sf
segue
ff
cresc.
fz

ne Rast und Ruh'!
where rest or peace!
ff
fz
Lie - ber durch Lei - den wollt' ich mich schla - gen, als so
Rath - er I'd suf - fer tor - ments un - end - ing, Than so
p
fp
fp
cresc.
viel Freu - den des Le - bens er - tra - gen.
to en - dure all the pas - sions of liv - ing.
f
p
Al - le das Nei - gen von Her - zen zu Her - zen,
All the de - sires of one for an - oth - er,
pp

ach, wie so ei - gen schaf - fet es Schmer - zen.
Ah! in such dif - f'rent ways one can suf - fer.
Wie, soll ich flieh'n? Wäl - der - wärts zieh'n?
Where shall I flee? on to the woods?
Al - - les, al - - les ver -
Noth - - ing, noth - - ing can
ge - bens.
help__ me.
f
cresc.
ff
p

Kro - ne des Le - bens, Glück oh - ne Ruh',
Life's sweet - est gar - land, rest - less de - light,
mf fp p fp
Lie - be bist du, o Lie - be bist du.
Love is your name, yes, love is your name.
cresc.
Glück oh - ne Ruh',
Lie - be bist du,
Rest - less de - light,
love is your name,
p sf sf
Kro - ne des Le - bens, Glück oh - ne Ruh', Lie - be bist
Life's sweet-est gar - land, rest - less de - light, Love is your
f p fp cresc. sf

du, o Lie - be bist du, o Lie - - - - - - - be, Lie - be bist du.
name, O love is your name, O love, love is your name.
f
ff
cresc.
sf
p
sf
cresc.
ff
fz

Die Allmacht
Omnipotence

Johann Ladislaus Pyrker
English version by Florence Easton

Franz Schubert, Op. 79, No. 2
Composed 1825

Langsam, feierlich
Lento, solenne
Gross ist Je - ho - va der Herr, denn Him - mel und
Great is Je - ho - vah, the Lord! for Heav - en and
Er - de ver - kün - den sei - ne Macht, gross ist Je - ho - va der
Earth pro - claim His won - drous pow'r. Great is Je - ho - vah, the

Herr, denn Him-mel und Er - de ver-kün-den sei-ne Macht. Du
Lord! for Heav-en and Earth — pro-claim His won-drous pow'r. You
hörst sie im brau-sen-den Sturm, in des Wald-stroms laut auf - rau-schen-dem
hear it in wild, rag-ing storm, in the roar of the stream's thun-der-ing
Ruf; gross ist Je-ho-va der Herr, du hörst sie im brau-sen-den
call; Great is Je-ho-vah, the Lord! You hear it in wild, rag-ing
Sturm, in des Wald - stroms laut auf - rau-schen-dem Ruf;
storm, in the roar of the stream's thun-der-ing call;
p
ff
3

p
gross ist Je-ho-va der Herr, gross ist sei-ne Macht, du
Great is Je-ho-vah, the Lord! Might-y is His pow'r. You
f
ff
hörst sie in des grü-nen-den Wal-des Ge-säu-sel, siehst sie in
hear it in the mur-murs of wood-lands and for-ests, see it in the
pp
wo-gen-der Saa-ten Gold, in lieb-li-cher Blu-men
wav-ing of gold-en corn; in sweet-scent-ed flow-ers'
pp

glü - hen-dem Schmelz, im Glanz des Ster - ne-be-sä - e-ten
bril - liant ar-ray, in stars that fill all the blue_skies of
Him - mels, im_ Glanz des Ster-ne-be-sä - e-ten Him -
Heav - en, in_ stars that fill_ all the blue_ skies of Heav -
f
p
mels; in lieb - li-cher Blu - men_ glü - hen-dem Schmelz, im
en; in sweet-scent-ed flow-ers'_ bril - liant ar-ray, in
f

Glanz des Ster - ne - be - sä - e - ten Him - mels, im
stars that fill all the blue skies of Heav - en, in
f
Glanz des Ster - ne - be - sä - e - ten Him - mels.
stars that fill all the blue skies of Heav - en.
p
Furcht - bar tönt sie im Don - ner - ge - roll und flammt in des
Fear - ful sounds His thun - der's re - port, and flames from His
f
cresc.
Blit - zes schnell hin - zu - cken - dem Flug, doch
light - nings wild - ly dart through the sky. But
p

kün - det das po - chen-de Herz dir fühl - ba - rer noch Je - ho - vas
great - er by far your beat - ing heart still pro - claims Je - ho - vah's
pp
Macht, doch kün - det das Herz dir fühl - ba - rer noch Je - ho - vas
pow'r, your heart - beat pro - claims great - er by far Je - ho - vah's
Macht, des e - - wi - gen Got - tes,
pow'r, the ev - er - last - ing Lord God.
ff
p
p
blickst du fle - hend em - por und hoffst auf Huld und Er -
Look to Him on High and hope for grace and for
pp
sf
pp

bar - - men; blickst du fle - hend em -
mer - cy. Look to Him on
por und hoffst auf Huld und Er - bar - - men.
High and hope for grace and for mer - - cy.
sf
p
con forza
Gross ist Je - ho - va der Herr, gross ist Je -
Great is Je - ho - vah, the Lord! Great is Je -
cresc.
ff
cresc.
fff
ho - va der Herr.
ho - vah, the Lord!
f
sf
p

Im Abendroth

In the Red of Evening

Franz Schubert
Composed 1824
Posthumous

Carl Lappe
English version by Florence Easton

Langsam, feierlich
Lento, solenne
pp
fp

p
O wie schön ist dei - ne Welt, Va - ter, wenn sie gold - en
O how fair this world of Thine, Fa - ther, with its gold - en
p

strah - let! Wenn dein Glanz her - nie - der fällt,
shim - mer! When Thy glance up - on it falls,

und den Staub mit Schim-mer ma - let,
e - ven dust is made to glim - mer.
wenn das Roth das in der Wol - ke_blinkt, in mein stil - les_
When the crim-son-tint-ed clouds in_the_sky seem to rest_on my
pp
Fen - ster sinkt! Könnt' ich kla - gen,
win - dow - pane, Could I mourn - ing,
könnt' ich za - gen, ir - re sein an dir und mir?
could I fear - ing, lose the way that leads to Thee?
cresc.
p

p
Nein, ich will im Bu - sen tra - gen dei - nen
No, with - in my breast I'll cher - ish what from
p
cresc.
Him - mel schon all - hier, Und dies Herz, eh' es zu - sam - men - bricht,
Heav'n Thou send - est me. And my heart, be - fore it breaks with grief,
f
p
trinkt noch Gluth und schlürft noch Licht, trinkt noch Gluth und
knows through Thee both warmth and light, knows through Thee both
pp
schlürft noch Licht.
warmth and light.
dim.

Nacht und Träume

Night and Dreams

Matthäus Edler von Collin
English version by Florence Easton

Franz Schubert, Op. 43, No. 2
Composed 1825

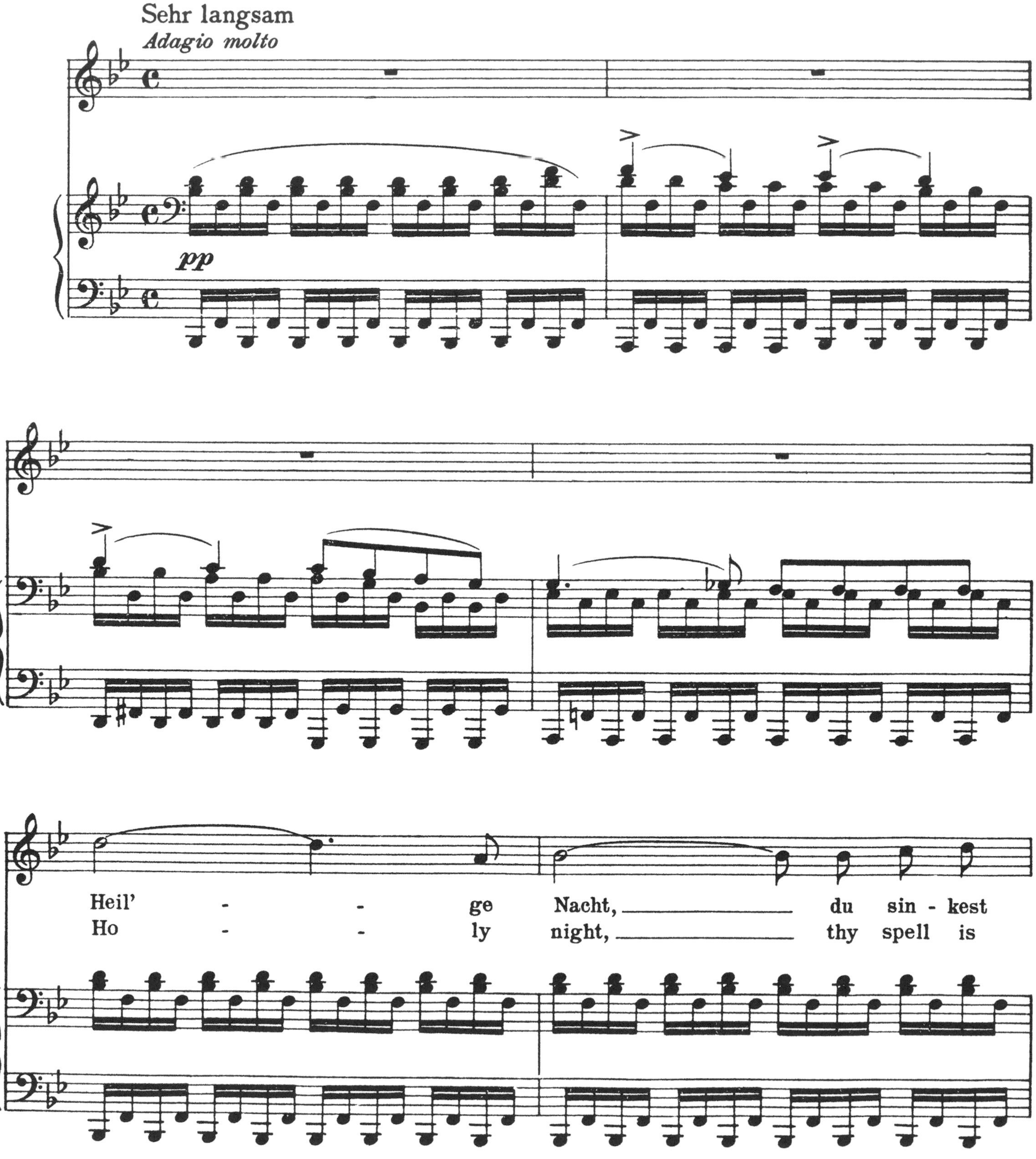
Sehr langsam
Adagio molto
pp
Heil' - - ge Nacht, du sin - kest
Ho - - ly night, thy spell is

nie - der, nie - der wal - len auch die
end - ed, End - ed too is all sweet
Träu - me wie dein Mond - licht durch die
dream - ing. When thy moon - beams fall a -
Räu - me, durch der Men - schen
round us, On each heart a

stil - le, stil - le Brust.
peace - ful still - ness lies.
Die be-lau - schen sie mit
We a-wait thee with such
Lust, die be-lau - schen sie mit
joy, we a-wait thee with such
Lust, ru - fen, wenn der Tag er-wacht,
joy, Call - ing at the break of day,

keh - re wie - der, hol - de Nacht! Hol -
"O re - turn, love - ly night! Won -
- - de Träu - me, keh - ret wie - der,
- - drous dream-ing, O re - turn!
hol - de Träu - me, keh - ret wie - -
Won - drous dream - ing, O re - -
der!
turn!"

Wohin?
Whither?

Wilhelm Müller
English version by Florence Easton

Franz Schubert
"Die Schöne Müllerin", Op. 25, No. 2
Composed 1823

Mässig
Moderato
Ich
I
pp
hört' ein Bäch - lein rau - schen wohl aus dem Fel - sen -
heard a stream - let rush - ing from out the moun - tain -
quell, hin - ab zum Tha - le rau - schen, so
side, That down in - to the val - ley so

frisch und wun - der - hell. Ich weiss nicht, wie mir
cool and clear did glide. I know not what com -
wur - de, nicht wer den Rath mir gab, ich
pelled me, this pow'r can - not ex - plain, But
muss - te auch hin - un - ter mit mei - nem Wan - der -
some - thing seemed to tell me to fol - low in its
stab, ich muss - te auch hin - un - ter mit
train, Yes, some - thing seemed to tell me to

mei - nem Wan - der - stab. Hin - un - ter und im - mer
fol - low in its train. So down through the vale I
wei - ter, und im - mer dem Ba - che nach; und
wan - dered, and fol - lowed the rush - ing stream, And
im - mer fri - scher rausch - te und im - mer hel - ler der
ev - er heard I rus - tling, and saw the wa - ters
cresc.
Bach, und im - mer fri - scher rausch - te und
gleam, And ev - er heard I rus - tling, and

im - mer hel - ler der Bach. Ist
saw the wa - ters gleam. Is
pp
das denn mei - ne Stra - sse? O Bäch - lein, sprich, wo -
this the road to fol - low? O stream - let, say, O
hin? wo - hin? sprich, wo - hin? Du
where? O where? say, O where? Thy
hast mit dei - nem Rau - schen mir ganz be - rauscht den
rus - tling has be - witched me and caught me in its

Sinn, du hast mit dei - nem Rau - schen mir
spell, Thy rus - tling has_ be - witched me and
ganz be - rauscht den_ Sinn. Was sag' ich denn vom
caught me in_ its_ spell. What seemed to me like
Rau - schen? das kann kein Rau - schen sein; Es_
rus - tling per - haps was just a_ dream, The
sin - gen wohl die_ Ni - xen dort_ un - ten ih - ren_
wa - ter - sprites are_ sing - ing deep down be - neath the_
pp

Reih'n, es_ sin - gen wohl die_ Ni - xen dort_
stream, The wa - ter - sprites are_ sing - ing deep
un - ten ih - ren Reih'n. Lass sin - gen, Ge-sell, lass
down be - neath the_ stream. So sing, then, my rus - tling
pp
rau - schen, und wan - d're fröh - lich nach, es
com - rade, I'll_ glad - ly fol - low thee, I
geh'n ja Müh - len - rä - der in_ je - dem kla - ren
hear the mill - wheels turn - ing in_ wa - ters fresh and
p

Bach, — es geh'n ja Müh - len - rä - der — in —
free, — I hear the mill - wheels turn - ing — in —
je - dem kla - ren Bach. Lass sin - gen, Ge - sell, lass
wa - ters fresh and free. So — sing, then, my rus - tling
dim.
rau - schen, und wan - d're fröh - lich nach, fröh - lich
com - rade, I'll — glad - ly fol - low thee, fol - low
nach, fröh - lich nach.
thee, fol - low thee.

Nachtviolen
Evening Violets

Johann Mayrhofer
English version by Florence Easton

Franz Schubert
Composed 1822
Posthumous

Langsam
Lento
pp
Nacht - vi - o - len, Nacht - vi - o - len, dunk - le Au - gen, see - len - vol - le,
Eve - ning vio - lets, eve - ning vio - lets, you en-chant me with your beau - ty,
se - lig ist es, sich ver - sen - ken in dem samt - nen Blau,
O the rap - ture, just to gaze up - on your pet - als blue,

in dem samt-nen Blau.
on your pet-als blue.
Grü-ne Blät-ter stre-ben freu-dig
Leaves of bright green spread their shad-ows
euch zu hel-fen, euch zu schmü-cken; doch ihr bli-cket ernst und schwei-gend
to de-fend you, to a-dorn you, But you gaze so calm and si-lent
in die lau-e Früh-lings-luft. Mit er-hab-nen
through the soft, warm air of spring. With your sad mien

Weh - muts-strah-len tra - fet ihr mein treu - es Herz, und nun blüht in
so ex - alt - ed, you have won this heart of mine. Now there glows through
stum - men Näch - ten fort die hei - li - ge Ver - bin - -
night's en - chant - ing spell a mag - ic that u - nites
dung, nun blüht in stum - men Näch - ten fort die hei - li - ge Ver -
us, Now glows through night's en - chant - ing spell a mag - ic that u -
bin - dung.
nites us.

Der Schmetterling

The Butterfly

Friedrich von Schlegel
English version by Florence Easton

Franz Schubert, Op.57, No.1
Composed 1815

Etwas geschwind
Poco allegro
p
pp
1. Wie soll ich nicht tan - zen? Es
2. Wie gross ist die Freu - de, sei's
1. And why should I not dance? For
2. How great is my plea - sure At
macht kei - ne Mü - he, und rei - zen - de Far - ben
spät o - der frü - he, leicht - sin - nig zu schwe - ben
me it is ea - sy. Gay col - ors of ev - 'ry hue
morn - ing or eve - ning To flut - ter with - out a care

schim - mern hier im Grü - nen. Im - mer schö - ner glän - zen
ü - ber Tal und Hü - gel! Wenn der A - bend säu - selt,
Flit a - cross the mead - ows. Noth - ing quite so love - ly
O'er the dale and hill - side. When the night - winds rus - tle
mei - ne bun - ten Flü - gel, im - mer sü - sser
seht ihr Wol - ken glü - hen; wenn die Lüf - te
As my gay wings flut - t'ring. Sweet and sweet - er,
Clouds are turned to crim - son; In the gold - en
hauch - en al - le klei - nen Blü - ten. Ich
gol - den, scheint die Wie - se grü - ner.
Ti - ny blos - soms spread their fra - grance. I
Twi - light all the air grows sweet - er.
fz

na - sche die Blü - ten, ihr könnt_ sie nicht hü - ten, ich
pil - fer the flow - ers no mat - ter how you guard them, I
na - sche die Blü - ten, ihr könnt_ sie nicht hü - ten.
pil - fer the flow - ers no mat - ter how you guard them.

Heidenröslein

Hedge - Roses

Johann Wolfgang von Goethe
English version by Florence Easton

Franz Schubert, Op. 3, No. 3
Composed 1815

Lieblich
Con tenerezza
Sah ein Knab' ein Rös - lein steh'n, Rös - lein auf der Hei - den,
Once a boy es - pied a rose, bloom-ing in the mead - ow,
pp

war so jung und mor - gen-schön, lief er schnell, es nah' zu seh'n,
Young and sweet with morn-ing dew, he drew near, the bet - ter to view,

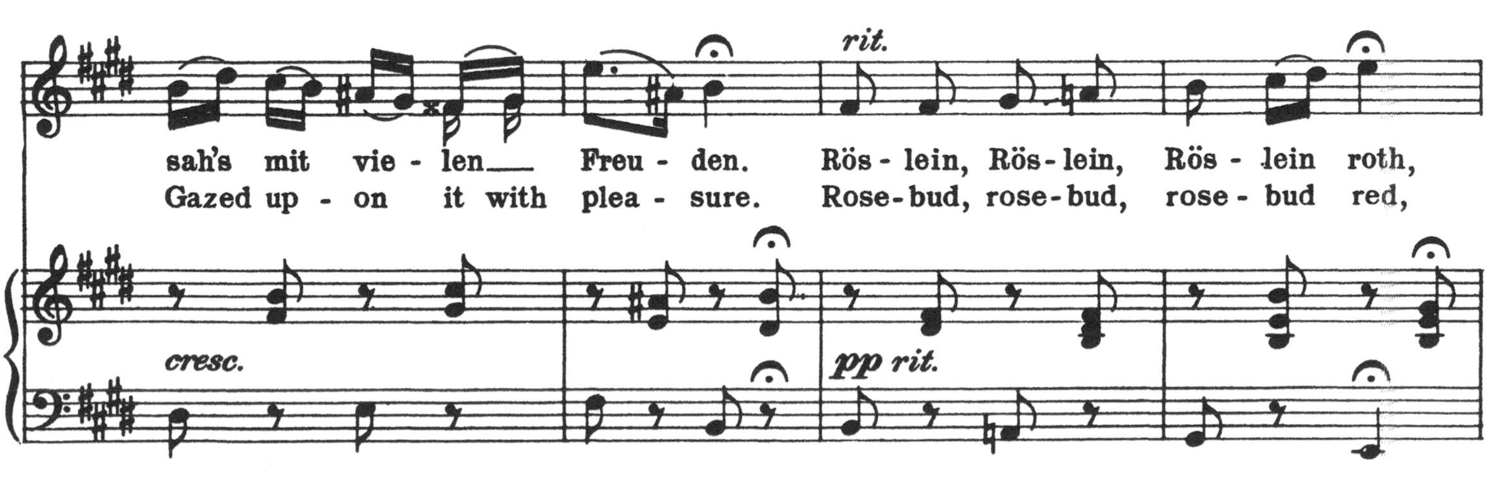
rit.
sah's mit vie - len Freu - den. Rös - lein, Rös - lein, Rös - lein roth,
Gazed up - on it with plea - sure. Rose-bud, rose-bud, rose - bud red,
cresc.
pp rit.

a tempo
Rös-lein auf der Hei-den. Kna-be sprach: "ich
rose-bud in the mead-ow. Said the boy, "I'll
a tempo
bre-che dich, Rös-lein auf der Hei-den!" Rös-lein sprach: "ich
tram-ple you, Rose-bud in the mead-ow!" Said the rose, "My
ste-che dich, dass du e-wig denkst an mich, und ich will's nicht lei-den."
thorns are few, but their sting you'll sure-ly rue, and I_ shall not suf-fer."
cresc.
rit.
a tempo
Rös-lein, Rös-lein, Rös-lein roth, Rös-lein auf der Hei-den.
Rose-bud, rose-bud, rose-bud red, rose-bud in the mead-ow.
pp rit.
a tempo

Und der wil - de Kna - be _ brach 's Rös - lein auf der
And this wil - ful boy then tore rose - bud from the
p
Hei - den, Rös - lein wehr - te sich und stach, half ihr doch kein
mead - ow, But the rose - bud used her thorns, and al - though he
rit.
Weh und Ach, musst' es _ e - ben lei - den. Rös - lein, Rös - lein,
groans and mourns, He _ a - lone must suf - fer. Rose - bud, rose - bud,
cresc.
pp rit.
a tempo
Rös - lein roth, Rös - lein auf der Hei - den.
rose - bud red, rose - bud in the mead - ow.
a tempo

Ungeduld
Impatience

Wilhelm Müller
English version by Florence Easton

Franz Schubert
"Die Schöne Müllerin", Op. 25, No. 7
Composed 1823

Etwas geschwind
Poco allegro
p
fp
p
1. Ich schnitt' es gern in al - le Rin - den ein, ich grüb' es gern in je - den Kie - sel-stein, ich möcht' es sä'n auf je - des
2. Ich möcht' mir zie - hen ei - nen jun - gen Staar, bis dass er spräch' die Wor - te rein und klar, bis er sie spräch' mit mei - nes
1. I'd carve it deep on ev - 'ry tree I saw, On ev - 'ry stone I'd write it bold and clear, I'd like to plant it in each
2. If I could on - ly take a star from Heav'n And teach it words that I so long to say, Then with my voice as though I

fri - sche Beet, mit Kres - sen-sa - men, der es schnell ver-räth, auf
Mun - des Klang, mit mei - nes Her - zens vol - lem, hei - ssen Drang, dann
bor - der gay And bid it flow - er on the self - same day. On
sang my-self, And with my heart's im-pas-sioned, ea - ger love, I'd
je - den wei - ssen Zet - tel möcht' ich's schrei - ben:
säng' er hell durch ih - re Fen - ster-schei - ben:
Dein ist mein
ev - 'ry leaf of ev - 'ry tree I'd write these words:
bid it sing to you be-neath your win - dow:
Yours is my
Herz, dein ist mein Herz, und soll es
heart! Yours is my heart, and will be
e - wig, e - wig blei - - ben!
ev - er, ev - er, ev - er - more!

3. Den Mor - gen-win - den möcht' ich's hau - chen ein, ich
4. Ich meint', es müsst' in mei - nen Au - gen steh'n, auf
3. I wish the morn - ing breeze could tell my thoughts, I
4. I know my eyes re - veal my love for her, My
fp
p
möcht' es säu - seln durch den re - gen Hain; o leuch - tet' es aus je - dem
mei - nen Wan - gen müsst' man's bren - nen seh'n, zu le - sen wär's auf mei - nem
wish the rain-drops could re - veal my love, I wish that all the flow'rs like
blush - es tell the world my heart's de - sire, You read it on my lips that

Blu - men-stern! trüg' es der Duft zu ihr von nah' und fern! ihr
stum - men Mund, ein je - der A - them-zug gäb's laut ihr kund: und
stars would shine And all their per - fumes blend for her a - lone! Then
say no word, With ev - 'ry breath I draw, I tell my love, And
Wo - gen, könnt' ihr nichts als Rä - der trei - ben.
sie merkt nichts von all' dem ban - gen Trei - ben.
quick - ly as the stream I'd bid them fly to her!
she sees naught of all my heart's com - mo - tion!
Dein ist mein
Yours is my
Herz, dein ist mein Herz, und soll es e - wig,
heart! Yours is my heart, and will be ev - er,
e - wig blei - ben!
ev - er, ev - er - more!
1.
Fine
ben!
more!
fz

Liebhaber in allen Gestalten

The Lover's Metamorphoses

Johann Wolfgang von Goethe
English version by Florence Easton

Franz Schubert
Composed 1815
Posthumous

Etwas lebhaft
Poco allegro
mf
p
1. Ich wollt, ich wär ein Fisch, so hur - tig und frisch; und kämst du zu an - geln, ich
2. Ich wollt, ich wä - re Gold, dir im - mer im Sold; und tät'st du was kau - fen,
3. Doch bin ich, wie ich bin, und nimm mich nur hin! Willst bess' - re be - si - tzen, so
1. I would I were a fish, so fresh and so fleet; And should you come fish - ing, I'd
2. I would that I were gold, I'd ne'er leave your side; What - e'er you would pur - chase, I'd
3. A - las, I'm what I am, so take me, pray do, But if you want bet - ter, then
sf

wür - de nicht man - geln. Ich wollt, ich wär ein
käm ich ge - lau - fen. Ich wollt, ich wä - re
lass dir sie schni - tzen. Ich bin nun wie ich
see that you caught me. I would I were a
see that you had it. I would that I were
make him to mea - sure. A - las, I'm what I
sf
Fisch, so hur - tig und frisch, ich
Gold, dir im - mer im Sold, ich
bin; so nimm mich nur hin, ich
fish, so fresh and so fleet, I
gold, I'd ne'er leave your side, I
am, so take me, pray do, A
p
cresc.
wollt, ich wär ein Fisch, so hur - tig und frisch.
wollt, ich wä - re Gold, dir im - mer im Sold.
bin nun wie ich bin; so nimm mich nur hin!
would I were a fish, so fresh and so fleet.
would that I were gold, I'd ne'er leave your side.
las, I'm what I am, so take me, pray do.

Die Lotosblume
The Lotus-flower

Heinrich Heine
English version by Florence Easton

Robert Schumann, "Myrthen", Op. 25, No. 7
Composed 1840

Ziemlich langsam
Piuttosto lento
p
Die Lo - tos - blu - me äng - stigt
The lo - tus - flow'r is anx - ious,
sich vor der Son - ne Pracht,
fear - ing the sun - shine bright,
und mit ge - senk - tem
And with her head bowed
Haup - te er - war - tet sie träu - mend die Nacht. Der
hum - bly she bliss - ful - ly waits for the night. The

Mond, der ist ihr Buh - le, er weckt sie mit sei - nem
moon, he is her loved one, he wakes her with shin - ing
pp
Licht, und ihm ent-schlei - ert sie freund - lich ihr
light, And she un - veils with sweet can - dor her
from - mes Blu - men-ge - sicht. Sie blüht und glüht und
love - ly face to his sight. She blooms, and glows, in
nach und nach
a poco a poco

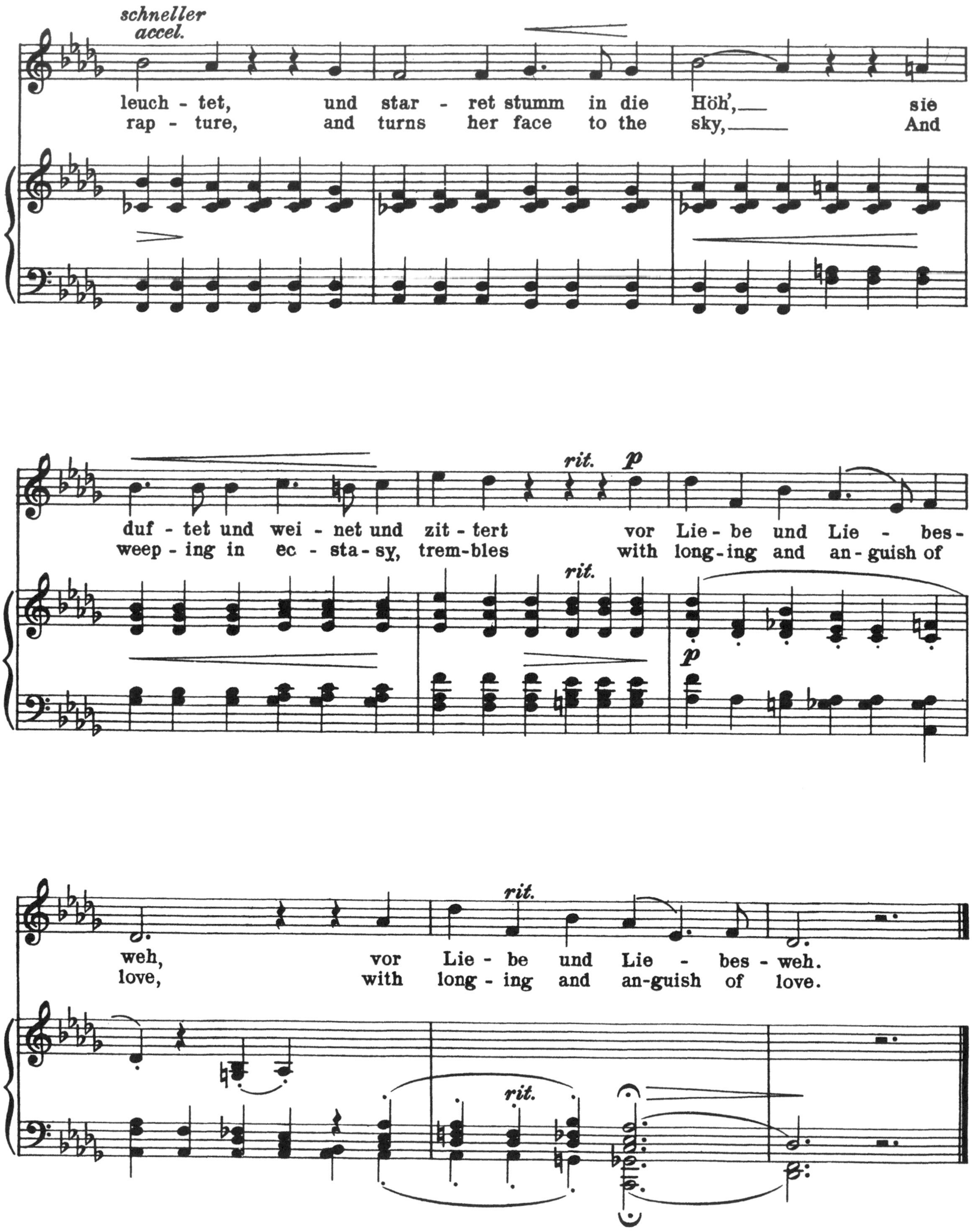
schneller
accel.
leuch - tet, und star - ret stumm in die Höh', sie
rap - ture, and turns her face to the sky, And
duf - tet und wei - net und zit - tert vor Lie - be und Lie - bes-
weep - ing in ec - sta - sy, trem-bles with long-ing and an-guish of
rit.
p
weh, vor Lie - be und Lie - bes - weh.
love, with long - ing and an-guish of love.

Mein schöner Stern!
My lovely star!

Franz Rückert
English version by Florence Easton

Robert Schumann, Op. 101, No. 4
Composed 1849

Langsam
Lento
p
Mein schö - - ner Stern! ich
My love - - ly star! I
p
con pedale
bit - te dich, o las - se du dein heit - res
beg of thee, let not thy clear and ra - diant
Licht nicht trü - ben durch den Dampf in
light be - come ob - scured by va - - p'rous

mir, viel - mehr den Dampf in mir zu
clouds. In - stead, what now I fail to
Licht, mein schö - ner Stern, ver - klä - ren hilf!
see, my love - ly star, re - veal to me!
dim.
dim.
Mein schö - - ner Stern! ich
My love - - ly star! I
8
bit - te dich, nicht sinkt her - ab zur Er - de dich, weil
beg of thee, be - cause thou see'st my sor - ry plight and

— du mich noch hier un - ten siehst, heb
— know-est well my sad - dened heart. take
auf viel - mehr zum Him - mel mich, mein schö - ner Stern, wo
me at last un - to thy care, my love - ly star, to
du schon bist!
dwell with thee!
dim.

Widmung
Dedication

Franz Rückert
English version by Florence Easton

Robert Schumann, "Myrthen", Op. 25, No. 1
Composed 1840

Innig, lebhaft
Allegretto con anima

mf
Du mei - ne See - le, du mein
You gen - tle spir - it, heart so
Herz, du mei - ne Wonn', o du mein
true; You my de - light, my an - guish
Schmerz, du mei - ne Welt, in der ich le - be, mein Him - mel
too; You are my world in which I'm liv - ing, My Heav'n a -
Ped.
*

du, da-rein ich schwe - be; o du mein Grab, in das hin -
bove, all bless - ings giv - ing, You are my grave where - in, con -
Ped. * Ped. *
ab ich e - wig mei - ne Kum - mer gab!
cealed for - ev - er, all my grief is laid!
rit.
Ped. *
p
Du bist die Ruh', du bist der
You bring me rest and peace un -
p
3 3 3
Frie - den, du bist vom Him - mel
end - ing, You are the res - pite

mir be-schie - den. Dass du mich liebst, macht mich mir
Heav'n is send - ing. Your lov-ing glance en - no - bles
werth, dein Blick hat mich vor mir ver - klärt, du hebst mich
me, You make me all I hope to be, Your faith ex -
rit.
lie - bend ü - ber mich, mein gu - ter Geist, mein bess'- res
alts me, heals my mind, My bet - ter self in you I
rit.
Ich! Du mei-ne See - le, du mein Herz, du mei-ne
find. You gen-tle spir - it, heart so true, You my de -
f a tempo
a tempo
f

Wonn', o du mein Schmerz, du mei-ne Welt, in der ich
light, my an-guish too; You are my world in which I'm
le - be, mein Him-mel du, da-rein ich schwe - be, mein gu-ter
liv - ing, My Heav'n a-bove, all bless-ings giv - ing, My guid-ing
rit.
Geist, mein bess' - res Ich!
star, my bet - ter self!
p
rit.
rit.

Frühlingsnacht

Spring Night

Joseph von Eichendorff
English version by Florence Easton

Robert Schumann,
"Liederkreis", Op. 39, No. 12
Composed 1840

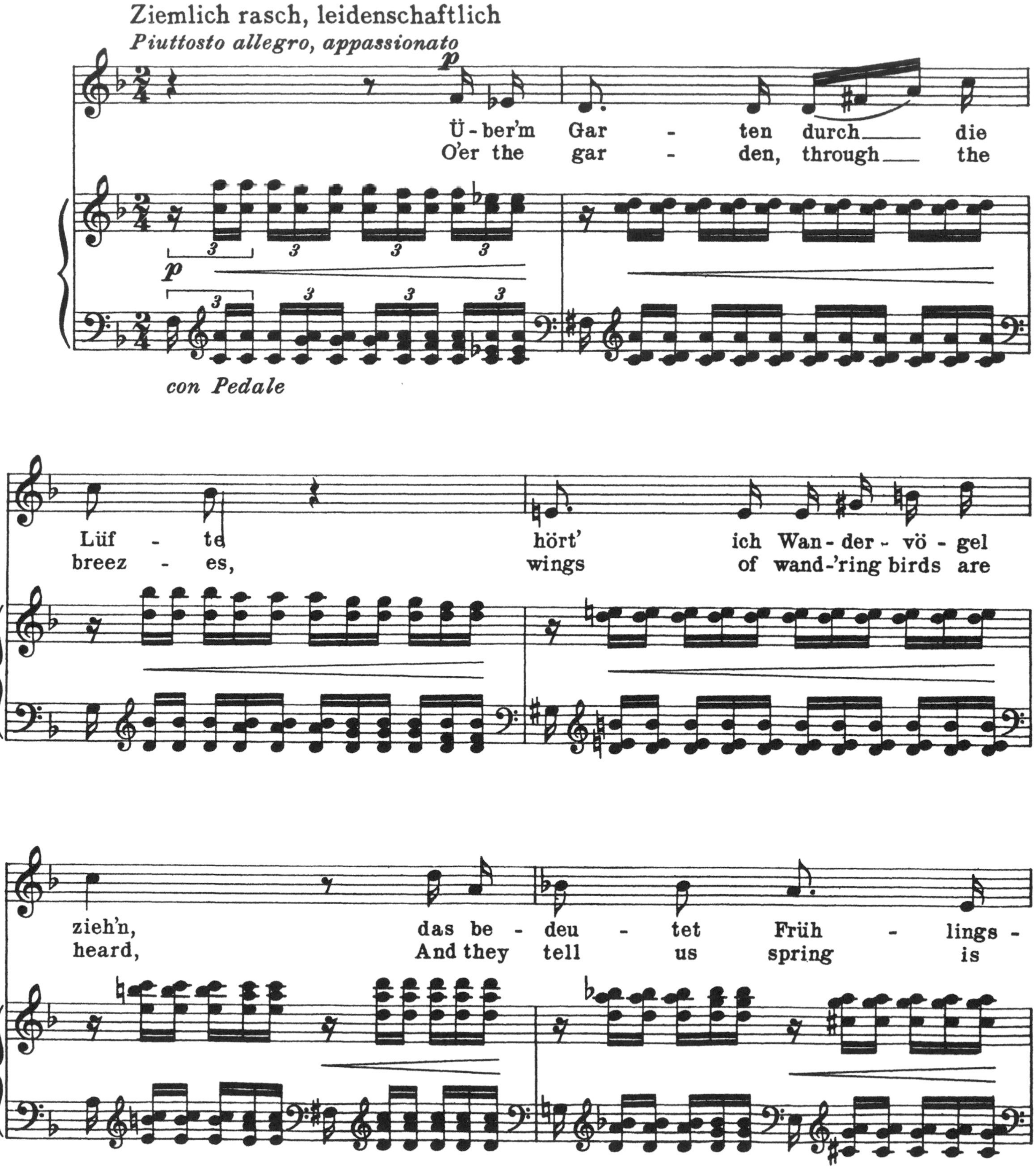
Ziemlich rasch, leidenschaftlich
Piuttosto allegro, appassionato
p
Ü-ber'm Gar - ten durch die
O'er the gar - den, through the
con Pedale
Lüf - te hört' ich Wan-der-vö-gel
breez - es, wings of wand-'ring birds are
zieh'n, das be-deu - tet Früh - lings -
heard, And they tell us spring is

ritard.
düf - te, un ten fängt's schon an zu
com - ing, earth re - veals once more her
ritard.
a tempo
p
blüh'n. Jauch - zen möcht' ich, möch - te
flow'rs. Joy per-vades me, though I'm
a tempo
p
Ped.
wei - nen, ist mir's doch, als könnt's nicht
weep - ing that a - gain 'tis come to
Ped.
Ped.

sein! Alte Wunder wieder
pass! All the wonders of Cre-
schei-nen mit dem Mon-des-glanz her-
a-tion with the moon's bright rays re-
ritard.
sf
ein.
turn.
a tempo
Und der
For the
Mond, die Ster-ne sa-gen's, und im
moon has told the stars, And the

Trau - - me rauscht's der Hain, Und die
woods have heard it too, And the
Nach - ti - gal - - len schla - gen's: „Sie ist
night - in - gales are sing - ing, "Your be -
dei - - ne, sie ist dein!"
lov - - ed, she is yours!"
ritard.

Der Nussbaum
The Walnut Tree

Julius Mosen
English version by Florence Easton

Robert Schumann, "Myrthen", Op. 25, No. 3
Composed 1840

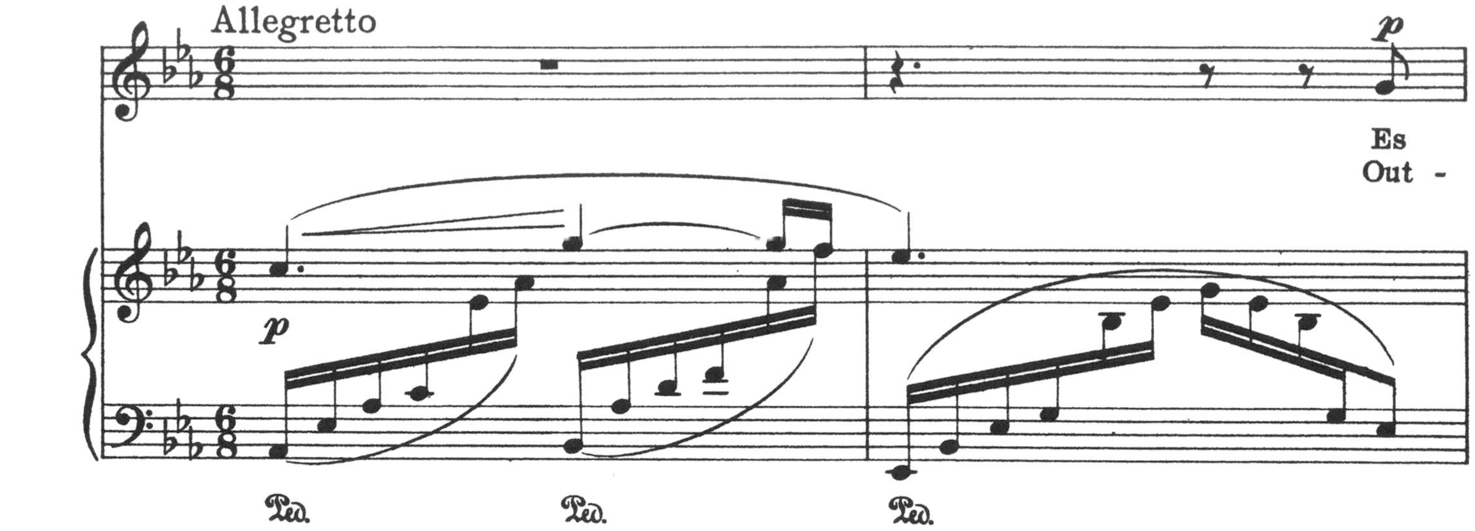
Allegretto
p
Es
Out -
p

grü - net ein Nuss - baum vor dem Haus,
side a small house there stands a tree,
simile

duf - tig, luf - tig brei - tet er
Light - ly, bright - ly, spread - ing its

blätt' - rig die Aes - te aus.
leaf - y boughs gay and free.
p
Viel lieb - li-che Blü - then ste - hen d'ran,
Its branch - es are filled with blos - soms rare,
lin - de Win - de
Gen - tle breez - es em -
kom - men sie herz - lich zu um - fah'n.
brace them and take them to their care.

p
Es flüs - tern je zwei zu
They whis - per in pairs, each
p
zwei ge-paart,
pair a-part,
nei - gend, beu - gend zier - lich zum Kus - se die Häupt - chen
Bend - ing, gen - tly em - brac - ing, and mur - mur-ing, heart to
zart.
heart.
rit.
p
p
Sie
They
a tempo

flüs - tern von ei - nem Mägd - lein, das däch - te die
whis - per of one young maid - en, who won - ders and
Näch - te und Ta - - ge lang,
pon - ders by night and day,
rit.
wuss - te ach sel - ber nicht was.
she her-self hard - ly knows why.
poco a poco
a tempo
rit.
p
Sie flüs - tern, sie flüs - tern;
They whis - per, they whis - per;
p

wer mag ver-steh'n so gar
but who can tell what they're
lei - se Weis'?
whis - p'ring of?
poco a poco
ritard.
flüs - tern von Bräut' - gam und näch - stem
Whis - p'ring of bride - groom and wed - ding
a tempo
Jahr,
day,
p ritard.
vom näch - sten Jahr.
of wed - ding day.
ritard.

Das Mägd - lein hor - - chet,
The maid - en lis - - tens
quasi a tempo
p
es rauscht im Baum. Seh - nend, wäh - nend
to rus - tling leaves; Long - ing, yearn - ing,
pp
sinkt es lä - chelnd in Schlaf und
sigh - - ing, smil - ing, she sleeps and
Traum.
dreams.

Aufträge
Messages

Ch. l'Égru
English version by Florence Easton

Robert Schumann, Op. 77, No. 5
Composed 1850

Leicht, zart
Leggiero, tenero
p
Nicht so schnel - le, nicht so
Not so quick - ly, not so
p
con Pedale
schnel-le! wart' ein we - nig, klei-ne Wel - le!
quick-ly, wait a min - ute, ti - ny stream-let!
fp
fp
will dir ei - nen Auf - trag ge - ben an die Lieb - ste
I would like to send a mes - sage to my love so
p
mein. Wirst du ihr vor - ü - ber schwe-ben, grü - sse sie mir fein!
true. Should you chance to pass her dwell-ing, greet her please for me!
p
p
fp

Sag', ich wä - re mit - ge - kom - men,
Say I would have jour - neyed with you,
p
auf dir selbst her - ab ge - schwom - men:
down your course would swim so glad - ly;
für den Gruss
for a smile
p
ei - nen Kuss kühn mir zu er -
and a kiss I would ask her
rit.
bit - ten; doch der Zeit Dring - lich - keit hätt' es nicht ge - lit -
bold - ly; but the time it would take, ah! I could not spare
sfp
rit.
fp

a tempo
p
ten. Nicht so ei - lig! halt, er -
it! Not so swift - ly, wait, per -
p a tempo
lau - be, klei - ne leicht be - schwing - te Tau - be!
mit me, ti - ny light-winged dove, pray, hear me!
fp
fp
Ha - be dir was auf - zu - tra - gen an die Lieb - ste
I would like to send a mes - sage to my love so
p
mein! Sollst ihr tau - send Grü - sse
true. Give to her a thou - sand
p

sa - gen, hun - dert o - ben-drein!
greet - ings, then a hun-dred more!
fp
p
Sag,' ich wär' mit dir ge-flo-gen, ü - ber Berg und Strom ge - zo - gen:
Say I would have flown be-side you, o'er the hills and streams that part us;
für den Gruss ei - nen Kuss kühn mir zu er -
for a smile and a kiss I would ask her
p
bit - ten; doch der Zeit Dring - lich - keit hätt' es nicht ge - lit -
bold - ly; but the time it would take, ah, I could not spare
rit.
sfp
fp

a tempo
p
ten. War-te nicht, dass ich dich trei-be, o du
it! Do not wait or I shall chide you, Oh, you
p a tempo
fp
trä-ge Mon-des-schei-be! weisst's ja, was ich
i-dle, la-zy moon-beam! You know well what
p
fp
dir be-foh-len für die Lieb-ste mein: durch das
I com-mand-ed for my love so true; through her
p
Fen-ster-chen ver-stoh-len grü-sse sie mir fein!
win-dow soft-ly steal-ing, greet-ing her for me!
fp

p
Sag', ich wär' auf dich ge-stie-gen, sel-ber zu ihr
Say I would have rid-den with you, just to see her,
hin zu flie - gen: für den Gruss ei-nen Kuss
just to greet her: for a smile and a kiss
du seist
but, a -
rit.
kühn mir zu er-bit - ten; du seist Schuld, Un-ge-duld hätt' mich nicht ge-lit -
I would ask her bold - ly; but, a - las, I have no time for ser-ious woo -
sfp
rit.
a tempo
ten!
ing!
a tempo
fp
fp

Schneeglöckchen
Snowbells

Franz Rückert
English version by Florence Easton

Robert Schumann, Op. 79, No. 27
Composed 1849

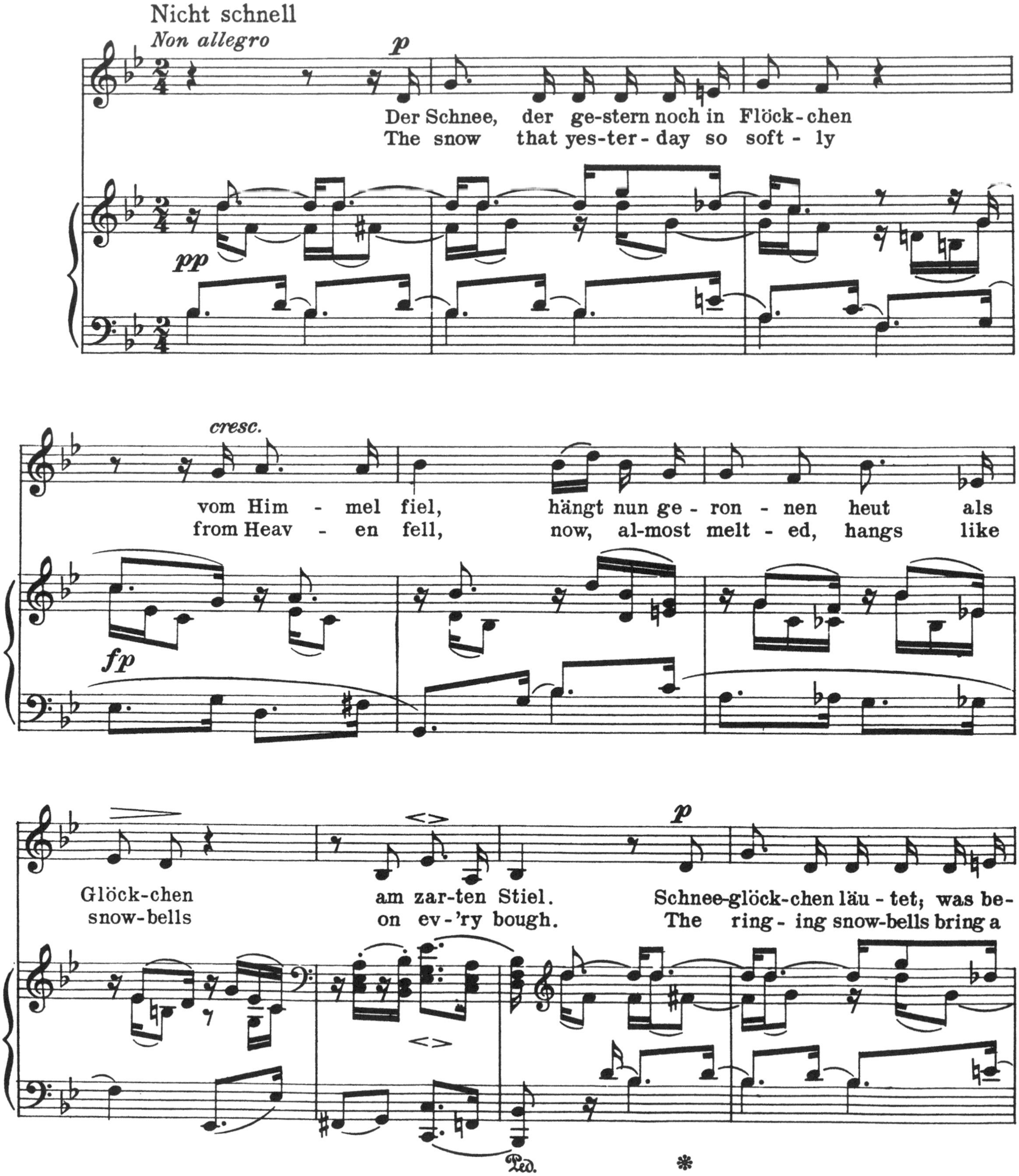
Nicht schnell
Non allegro
p
Der Schnee, der ge-stern noch in Flöck-chen
The snow that yes-ter-day so soft - ly
pp
cresc.
vom Him - mel fiel, hängt nun ge - ron - nen heut als
from Heav - en fell, now, al-most melt - ed, hangs like
fp
Glöck-chen am zar-ten Stiel. Schnee-glöck-chen läu - tet; was be-
snow-bells on ev-'ry bough. The ring - ing snow-bells bring a
p
Ped.
*

cresc.
deu - tet's im stil - len Hain? O komm ge -
mes - sage that all may hear: "Come quick-ly,
fp
schwind! Im Hai - ne läu - tet's den Früh-ling ein. O
come," the bells are say - ing, "and wel-come Spring! O
kommt, ihr Blät-ter, Blüt und Blu - me, die ihr noch träumt, all zu des
come, sweet flow-ers, leaves, and blos-soms, a - wake from sleep! Re-joice, and
Früh-lings Hei - lig - tu - me! kommt un - ge-säumt!
wor - ship Na - ture's boun-ties, for Spring is here!"

Du bist wie eine Blume
You are just like a flower

Heinrich Heine
English version by Florence Easton

Robert Schumann, Op. 25, No. 24
Composed 1840

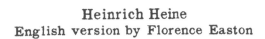

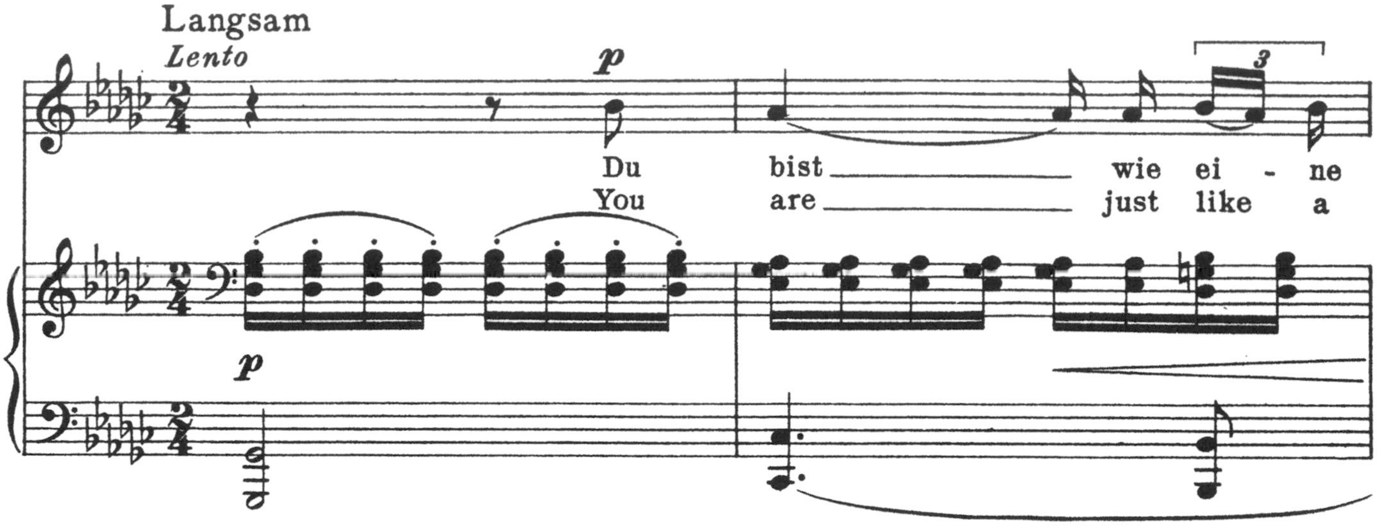
Langsam
Lento
p
Du bist wie ei - ne
You are just like a
p

Blu - me, so hold und schön und rein,
flow - er, So sweet, so pure, and fair;

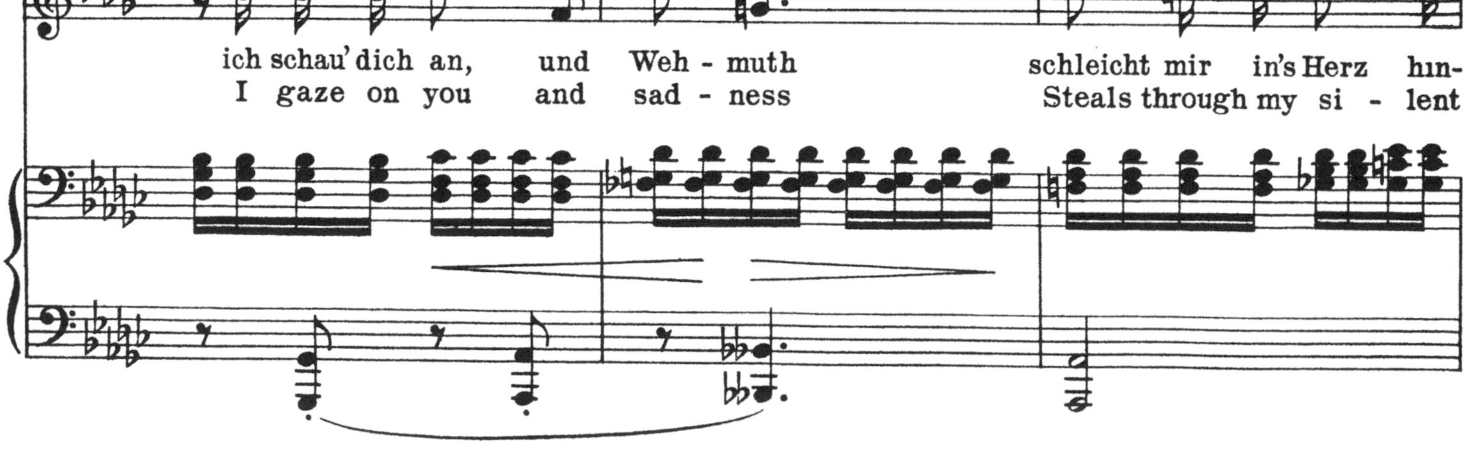
ich schau' dich an, und Weh - muth schleicht mir in's Herz hin-
I gaze on you and sad - ness Steals through my si - lent

p
3
ein. Mir ist, als ob ich die Hän - de auf's
prayer. I feel as though I should bless you, My
Ped. * Ped. *
ritard. a tempo
Haupt dir le - gen sollt', be - tend, dass Gott dich er -
hands up - on your hair, Pray - ing that God al - ways
ritard.
a tempo
Ped. * Ped. *
ritard.
hal - te so rein und schön und hold.
keep you So pure and sweet and fair.
ritard.
p (a tempo)
Ped. * Ped. *
ritar - dan - do

Mit Myrthen und Rosen
With myrtle and roses

Heinrich Heine
English version by Florence Easton

Robert Schumann,
"Liederkreis", Op. 24, No. 9
Composed 1840

Innig, nicht rasch
Con affetto, non allegro
f
con pedale
Mit Myr - then und Ro - sen, lieb-lich und hold, mit
With myr - tle_ and ros - es, love-ly and pure, with
ritard.
a tempo
duft'-gen Zy-pres-sen und Flit - ter-gold möcht' ich zie-ren_ dies Buch wie'nen
sweet-scent-ed cy-press and let - ters of gold, this pre-cious book I would a-dorn like a

ritard.
a tempo
p
Tod - ten-schrein, und sar - gen mei - ne Lie-der hin-ein. O
shrine to the dead, and place with-in — the cas-ket my songs. Oh,
ritard.
a tempo
p
ritar - dan - do
p
könnt' ich die Lie-be sar-gen hin-zu! Auf dem
could I my love too bur-y with them! On the
ritar - dan - do
mf a tempo
Gra-be der Lie-be wächst Blüm-lein der Ruh', da blüht es her-vor, da
grave of my loved one the flow-ers find peace, pro-fuse-ly they bloom, are
p
p
ri - tar -
pflückt man es ab, doch mir blüht's nur, wenn ich sel-ber im Grab, wenn ich
plucked from their bed. For me they'll bloom when I lie in my grave, when I
ri - tar -

-dan - do
sel - ber im Grab.
lie in my grave.
-dan - do
fa tempo
f
Hier sind nun die Lie - der, die einst so wild, wie ein
Here, take now my love songs, that once as wild as the
f
sf
rit.
a tempo
La - va - strom, der dem Aet - na ent - quillt, her - vor ge - stürzt aus dem
la - va - stream of Aet - na poured forth. In tu - mult they gushed from the
rit.
a tempo
p
tief - sten Ge - müth, und rings viel blit - zen - de Fun - ken ver - sprüht. Nun
depths of my soul, and struck like light - nings wher e'er they were heard. But
sf
p

pp
lie - gen sie stumm und tod - ten-gleich, nun star - ren sie kalt und
now they lie mute, like things long dead, all hard-ened with sor - row,
p
pp
rit.
mf a tempo
f
ne - bel-bleich. Doch auf's Neu' die al - te Gluth sie be-lebt, wenn der
pale and numb. But a - gain the flame of old comes to life, when the
Lie - be Geist einst ü - ber sie schwebt, doch auf's Neu' die al - te
soul of Love once more weaves her spell. But a - gain the flame of
Gluth sie be-lebt, wenn der Lie - be Geist einst ü - ber sie
old comes to life, when the soul of Love once more weaves her

Schneller
Più mosso
pp poco meno mosso
schwebt. Und es wird mir im Her - zen viel
spell. And I feel in my heart hope and
poco meno mosso
Ah - nung laut, der Lie - be Geist einst ü - ber sie thaut;
faith re - born; the soul of Love in - spires me a - new.
p
einst kommt dies Buch in dei - ne Hand, du
Ah, if this book could reach your hands, my
ritard.
p
sü - sses Lieb', du sü - sses Lieb' im fer - nen Land. Dann
sweet - est love, my sweet-est love, so far a - way, the
ritard.

Langsamer und immer langsamer
Poco a poco meno mosso
löst sich des Lie - des Zau - ber-bann, die blas - sen Buch-sta-ben
spell that has held my songs would break, the cold, pale let-ters would
pp
ritard.
schau'n dich an, sie schau - en dir fle-hend in's schö - ne Aug', und
gaze at you, im - plor-ing-ly gaze in your love-ly eyes, and
ritard.
Ped.
Adagio
a tempo
flü-stern mit Weh-muth und Lie - bes-hauch.
whis-per of long-ings and Love's de-sires.
a tempo
p
pp
p

Mondnacht
By Moonlight

Joseph von Eichendorff
English version by Florence Easton

Robert Schumann,
"Liederkreis", Op. 39, No. 5
Composed 1840

Zart, heimlich
Con tenerezza, misterioso
p
con pedale
ritard.
a tempo
p
Es war, als hätt' der Him - mel
It seemed as though the heav - en
die Er - de still ge - küsst,
so soft - ly kissed the earth,

dass sie im Blü - then-schim - mer
that she, a - mid her flow - ers,
von ihm nur träu - men müsst'.
must dream of him a - lone.
ritard.
a tempo
p
ritard.
a tempo
p
Die Luft ging durch die Fel - der, die
The breeze swept through the mead - ows, the

Aeh - ren wog - ten sacht, es
wheat - sheaves gen - tly waved; the
rausch - ten leis' die Wäl - der, so
for - est soft - ly mur - mured, the
ritard.
a tempo
stern - klar war die Nacht. Und
stars were clear and bright. My
a tempo
ritard.
mei - ne See - le spann - te
spir - it broke from bond - age,
rit.
rit.

a tempo
weit ih - re Flü - gel aus,
and, with its wings out - spread,
a tempo
flog durch die stil - len Lan - de, als flö - ge
flew through the land in si - lence, as though it
sie nach Haus.
flew toward home.
p
pp

Von ewiger Liebe
Of Eternal Love

Joseph Wentzig
English version by Florence Easton

Johannes Brahms, Op. 43, No. 1
Composed 1864
Original Key

Mässig
Moderato

p
Dun - kel, wie dun - kel in Wald und in Feld!
Dark - ness, what dark - ness in for - est and dale!
A - bend schon ist es, nun schwei - get die Welt.
Night is de - scend - ing, and hushed is the vale.

Nir - gend noch Licht und nir - gend noch
Dark is the sky, no sound and no
Rauch, ja, und die Ler - che sie schwei - get nun
light, Yes, and the lark's song is si - lent to -
auch.
night.
p
Kommt aus dem Dor - fe der Bur - sche her - aus,
Out from the vil - lage a lov - er and maid

giebt das Ge - leit der Ge - lieb - ten nach Haus,
Stroll towards her home in the dark - en - ing shade,
führt sie am Wei - den - ge - bü - sche vor -
Down past the wil - low trees, wend - ing their
bei, re - det so viel und so man - cher -
way, So man - y plans and so much to
lei:
say:
mf

mf
„Lei - dest du Schmach und be - trü - best du dich,
"Are you a - shamed? Have I brought you dis - tress?
lei - dest du Schmach von An - dern um mich,
Are you a - shamed our love to con - fess?
poco più f
wer - de die Lie - be ge - trennt so ge - schwind,
Our love so ar - dent we'll nev - er re - gret,
poco più f
schnell wie wir frü - her ver - ei - ni - get sind.
Love that was plight - ed as soon as we met.

sempre più f e poco string.
Schei - de mit Re - gen und schei - de_ mit_ Wind,
Why should we part and then try_ to_ for - get
sempre più f e poco string.
f
schnell wie wir frü - her ver - ei - ni - get sind."
Love that was plight - ed as soon as we met?"
f
f
dim. e ritard.
poco a poco

Ziemlich langsam
Poco lento
dolce
Spricht das Mäg - de - lein, Mäg - de - lein spricht:
Then the maid - en spoke soft - ly and sure:
pp dolce
„Un - se - re Lie - be, sie tren - net sich nicht! Fest ist der
"Our love, be - lov - ed, will ev - er en - dure! I - ron is
un poco animato e cresc.
Stahl und das Ei - sen gar sehr, un - se - re
strong, and so might - y is steel; Strong - er, by
un poco animato e cresc.

mf
Lie - be ist fe - ster noch mehr.
far, is the love — that we feel.
mf
dim.
p dolce
Ei - sen und Stahl, — man schmie - det sie
I - ron and steel — will melt in the
p dolce
um, un - se - re Lie - be, wer wan - delt sie um?
flame; Our love, be - lov - ed, is ev - er the same!
p

un poco animato e cresc.
Ei - sen und Stahl, sie kön - nen zer-gehn, un - se - re
I - ron and steel can crum - ble a - way; Our love, be-
un poco animato e cresc.
f
Lie - be, un - se - re Lie - be muss e - wig, e - - wig be-
lov - ed, our love, be - lov - ed, for - ev - er, ev - - er must
f
stehn!“
stay!”
f
ritard. molto
p

Ständchen

Serenade

Franz Kugler
English version by Florence Easton

Johannes Brahms, Op. 106, No. 1
Composed 1886

Anmuthig bewegt
Allegretto grazioso
p
p
dolce
Der Mond steht ü - ber dem Ber - ge, so recht für ver-
The moon hangs o - ver the hill - top, just right for young
lieb - te Leut';
folks in love;
im Gar - ten rie - selt ein
The foun - tain mur-murs in the

Brun - nen, sonst Stil - le weit und
gar - den, there's si - lence far and
pp
breit.
wide.
p
Ne - ben der Mau - er im
Close to the wall in the
Schat - ten da steh'n der Stu - den - ten drei, mit
shad - ow three stu - dents are stand - ing by. With

Flöt' und Geig' und Zi - ther, und sin - gen und spie - len da -
vi - o-lin and flute and zith - er, They're sing - ing and play - ing the
cresc.
bei, sin - gen und spie - len da -
while, sing - ing and play - ing the
cresc.
bei.
while.
f
Die Klän - ge schlei - chen der
The sounds steal through to the
p
dolce

Schön - sten sacht in den Traum hin - ein,
maid - en, lost in her dreams of love.
sie schaut den blon - den Ge -
She lifts her eyes to her
lieb - ten und lis - pelt: „ver - giss nicht
lov - er and whis - pers: “For - get me
mein!“
not!”
pp
p

O komme, holde Sommernacht

O come, delightful summer night

Melchior Grohe
English version by Florence Easton

Johannes Brahms, Op. 58, No. 4
Composed 1871

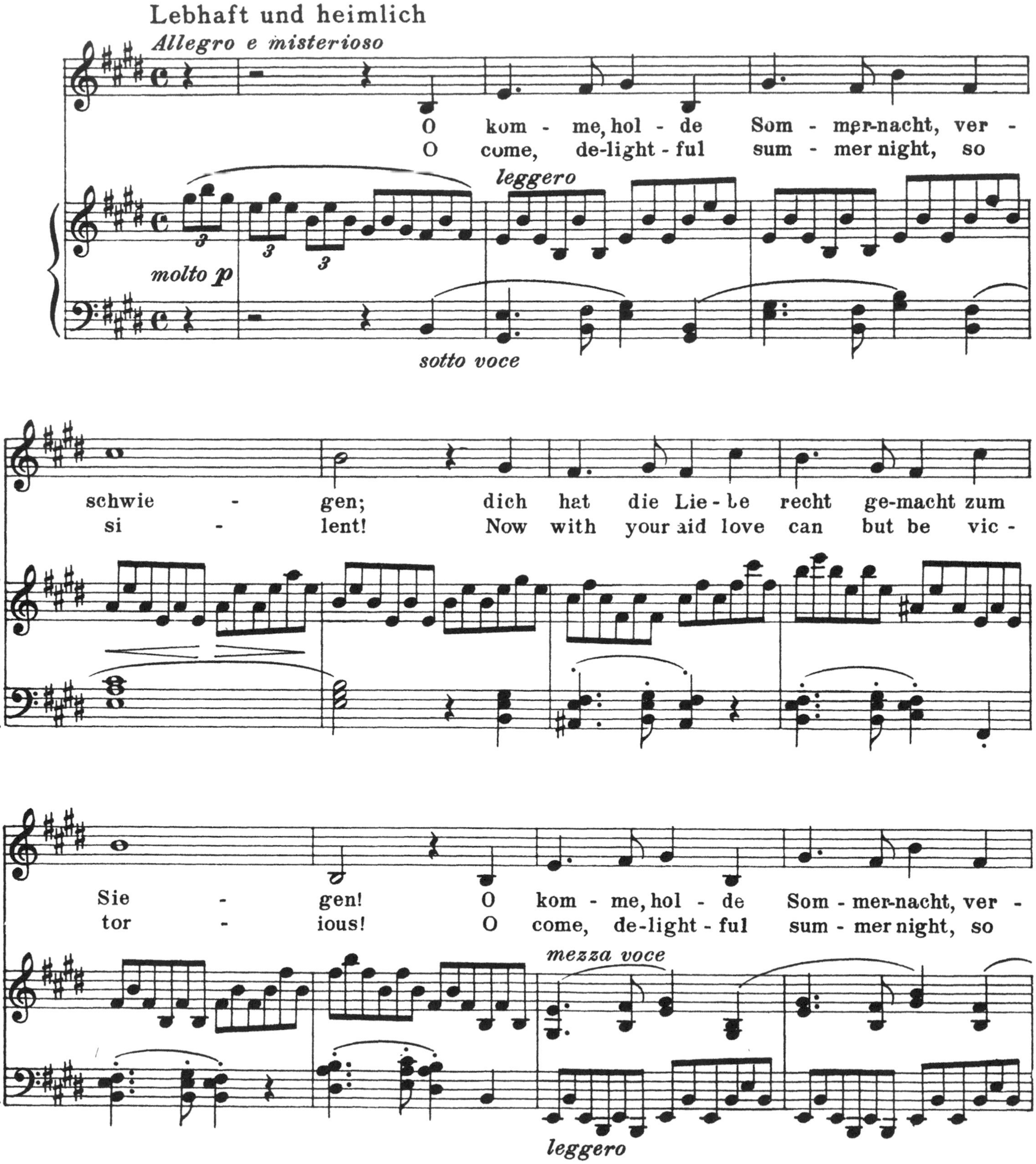
Lebhaft und heimlich
Allegro e misterioso
O kom - me, hol - de Som - mer-nacht, ver -
O come, de-light - ful sum - mer night, so
leggero
molto p
sotto voce
schwie - gen; dich hat die Lie - be recht ge-macht zum
si - lent! Now with your aid love can but be vic -
Sie - gen! O kom - me, hol - de Som - mer-nacht, ver -
tor - ious! O come, de-light - ful sum - mer night, so
mezza voce
leggero

schwie - gen; dich hat die Lei - be recht ge-macht zum
si - lent! Now with your aid love can but be vic -
Sie - gen! Da bre - chen man - che Knos - pen los, ver -
tor - ious! From off the branch small buds es-cape in
stoh - - len, da öff - nen ih - ren
se - - cret, and all the ti - ny
sü - ssen Schoss Vi - o - - - len, da
vi - o - lets sweet - ly o - - - pen! The
p dolce

neigt ihr Haupt im Däm - mer-schein die Ro - -
rose has bowed her head in gold - en twi - -
pp
sotto voce
se, da wird mein Lieb - chen auch noch mein, das
light, and fate de-crees that my a-dored be
lo - - se, das lo - -
mine now, be mine
p
p
- - se!
— now!
ritard.
f

Auf dem Kirchhofe

In the Churchyard

Detlev von Liliencron
English version by Florence Easton

Johannes Brahms, Op. 105, No. 4
Composed 1886
Original key

Mässig
Andante moderato
f
Ped.
mf
Der Tag ging re - gen-schwer und
The day was cold with rain and
sturm-be-wegt, ich war an manch' ver-gess'- nem Grab' ge-
dark with storm. By man - y lone for - got - ten graves I
p

we - sen, ver-witt-ert Stein und Kreuz, die Krän - ze alt,
wan-dered. A mass of crum-bling stones, the wreaths long dead,
die Na - men ü - ber-wach - sen, kaum zu le - sen.
the names that once were carved there, now ob - scured or gone.
Der Tag ging sturm - be - wegt und re - gen-schwer, auf
The day was dark with storm and cold with rain. On
p
sf
f
mf
Ped.

al - len Grä - bern fror das Wort: Ge - we - sen.
ev - 'ry grave these om - 'nous words: 'Tis end - ed.
f
p
Wie sturmes - tot die Sär - ge schlum - mer -
The storm has passed and all is calm once
pp legato
ten, auf al - len Grä - bern tau - te still: Ge -
more. On ev - 'ry grave a still - ness lies: Re -
ne - sen.
deem - ed.
p
Ped.

Botschaft
The Message

After Hafis, by Georg F. Daumer
English version by Florence Easton

Johannes Brahms, Op. 47, No. 1
Composed 1868

Grazioso
p leggero
f
p
We - he, Lüft - chen, lind und lieb - lich um_ die
Blow, O breez - es, mild and love - ly, o'er the

cresc.
Wan - ge der Ge - lieb - ten, spie - le zart in ih - rer
brow of my be - lov - ed, Gen - tly play in her dark
Lo - cke, ei - le nicht, hin - weg zu
tress - es, Has - ten not to leave her
flieh'n! Ei - le nicht,
side, has - ten not,
cresc.

ei - le nicht, hin - weg zu flieh'n!
has - ten not to leave her side.
Thut sie
If she
dann viel - leicht die Fra - ge, wie es
then per - chance should ask you, should she

um mich Ar - - - - men ste - he, mich
ask how I am far - ing, ask
Ar - men ste - he,
how I'm far - ing,
r.h.
f
p
sprich, sprich: „Un - end - lich war sein We - he, höchst be-
Speak, say: "His grief was past en - dur - ing, Tru - ly

poco cresc.
denk - lich sei - ne La - ge, höchst be - denk - lich sei - ne
doubt - ful his con - di - tion, tru - ly doubt - ful his con-
poco cresc.
La - ge, a - ber jet - - zo kann er hof - fen, wie - der
di - tion; But to - day new hope sus - tains him, he has
herr - lich auf - zu - le - ben, denn du, Hol - de,
once more some - thing to live for, since you, fair one,
p
legato
p

cresc.
denkst an ihn, denn du, Hol - de,
think of him, since you, fair one,
cresc.
denn du, Hol - de, denkst,
since you, fair one, think,
denkst an ihn."
think of him."
f

Vergebliches Ständchen
The Vain Suit

A. Wilhelm Zuccamaglio
from "Deutsche Volkslieder"
English version by Florence Easton

Johannes Brahms, Op. 84, No. 4
Composed 1882

Lebhaft und gut gelaunt
Con anima ed umore
Er
He
Gu-ten A - bend, mein Schatz, gu - ten
Pleas-ant eve - ning, my sweet, pleas-ant
f
A - bend, mein Kind, gu - ten A - bend, mein Kind!
eve-ning, my child! Pleas-ant eve-ning, my child!
p
Ich komm' aus Lieb' zu dir, ach, mach' mir auf die Thür, mach' mir auf die Thür,
Love brings me here to you, ah, treat me kind - ly, do, o - pen wide the door,
pp

Sie
She
mach' mir auf, mach' mir auf, mach' mir auf die Thür! Mein'
I im-plore, I im-plore, o - pen wide the door! My
Thür ist ver - schlos-sen, ich lass' dich nicht ein, ich
door is closed tight - ly, I'll not let you in, I'll
p
lass' dich nicht ein; Mut-ter, die räth' mir klug, wärst du her - ein mit Fug,
not let you in! Moth-er has made it_clear, if you're but once in here,
pp
wär's mit mir vor - bei, wär's mit mir, wär's mit mir, war's mit mir vor - bei!
All is o'er with me, all is o'er, all is o'er, all is o'er with me!
poco f

Er
He
So_ kalt ist die Nacht, so ei - sig der
The night is so cold, the wind just like
Wind, so ei - sig der Wind,
ice, the wind just like ice!
p
dass mir das Herz er-friert, mein' Lieb' er - lö-schen wird, öff - ne mir, mein Kind,
My heart will freeze, my dear, then love will die, I_ fear, there-fore I im - plore,
Lebhafter
Più animato
öff - ne mir, öff-ne mir, öff-ne mir, mein Kind!
I im-plore, I im-plore, o-pen wide the door!
p
f

Sie
She
Lö - schet dein' Lieb, lass sie lö - schen nur, lass sie
Love that's so frail, let it die— a - way, let it
f
lö - schen nur! Lö - schet sie im - mer - zu, geh' heim zu
die— a - way! If you are so dis - tressed, go home to
p legg.
Bett, zur Ruh', gu - te Nacht, mein Knab', gu - te Nacht, gu - te Nacht,
bed, to— rest, so good-night, young man! So good-night, so good-night,
gu - te Nacht, mein Knab'!
so good-night, young man!
f
sf

Der Tod, das ist die kühle Nacht
Oh, death is still and cool as night

Heinrich Heine
English version by Florence Easton

Johannes Brahms, Op. 96, No. 1
Composed 1884

Sehr langsam
Molto lento
p
Der Tod, das ist die küh - le Nacht,
Oh, death is still and cool as night,
p
das Le - ben ist der schwü-le Tag. Es
and life is like the sul - try day. The
pp
dim.
dun - kelt schon, mich schlä - fert, der Tag
dark - ness falls, I'm wea - ry; the day
rfz
rfz

p
hat mich müd' ge - macht. Ü - ber mein Bett er -
leaves me tired and sad. O - ver my bed a
p ben legato
cresc. poco a poco
hebt sich ein Baum, d'rin singt die jun - ge Nach - ti-gall; sie
tree lifts its boughs; there sings a love - ly night - in-gale. She
cresc. poco a poco
f
singt von lau - ter Lie - be, von
sings a joy - ous love - song, a
f

lau - ter Lie - be, ich hör' es, ich
joy - ous love - song. I hear it, I
p
f
sf
p
hör' es so - gar im Traum, so - gar im
hear it once more in dreams, once more in
più p
più p
Traum.
dreams.
p

In Waldeseinsamkeit
Forest Solitude

Karl Lemcke
English version by Florence Easton

Johannes Brahms, Op. 85, No. 6
Composed 1878

Langsam
Lento
p
Ich sass zu dei - nen
With - in the woods' deep
Fü - ssen in Wal - des - ein - sam - keit;
shad - ows, with you, my love, at my side,
Win - des - ath - men, Seh - nen ging durch die Wip - fel
Gent - ly - waft - ed long - ings swept through the rust - ling

cresc. sempre
breit. In stum - mem Rin - gen senkt' ich das Haupt
trees. In si - lent an - guish bowed I my head
cresc. sempre
in dei - nen Schoss, und mei - ne
up - on your knee, And with my
be - ben-den Hän - de um dei - ne Knie ich schloss, und mei - ne
trem - bling fin-gers, your hands I clasped in mine, and with my
be - ben-den Hän - de um dei - ne Knie ich schloss.
trem - bling fin-gers, your hands I clasped in mine.
pp

p
Die Son - ne ging hin - un - ter, der Tag ver-glüh - te
The sun then sank be - fore us with rays of love - ly
all, fer - ne, fer - ne,
gold. Far off, far off,
rit. sempre
pp
pp dim. rit. sempre
3
fer - ne sang ei - ne Nach - ti-gall,
far off, sang one lone night - in-gale,
dolce
sang ei - ne Nach - ti - gall.
sang one lone night - in - gale.

Wie Melodien zieht es mir

My thoughts like haunting music

Klaus Groth
English version by Florence Easton

Johannes Brahms, Op. 105, No. 1
Composed 1886
Original key

Zart
Teneramente
Wie Me - lo - di - en zieht es mir
My thoughts like haunt - ing mu - sic drift
p sempre dolce
lei - se durch den Sinn, wie Früh - lings-blu - men blüht es und
through my mind to - day; Like flow'rs of spring they blos - som, like
schwebt wie Duft da - hin, und schwebt wie Duft da -
fra - grance, fade a - way, like fra - grance, fade a -

hin. Doch kommt das Wort und
way. But when I try to
fasst es und führt er vor das Aug', wie Ne - bel-grau er -
hold them, these thoughts so dear to me, In gray - ing mists they
blasst es und schwin - det wie ein Hauch, und
van - ish, and like a breath they flee, and
dim.

schwin - det wie ein Hauch.
like a breath they flee.
Und den - noch ruht im Rei - me ver -
And yet with - in my rhym - ing, a
bor - gen wohl ein Duft, den mild aus stil - lem Kei - me ein
hid - den per - fume lies, And mem - 'ry of that mu - sic brings
dim.

feuch - tes Au - ge ruft, den
tear - drops to my eyes, And
mild aus stil - lem Kei - me ein feuch - tes, ein feuch - tes
mem - 'ry of that mu - sic brings tear - drops, brings tear - drops
Au - ge ruft.
to my eyes.
rit.

Meine Liebe ist grün

My Love is Green

Felix Schumann
English version by Florence Easton

Johannes Brahms, Op. 63, No. 5
Composed 1873

Lebhaft
Animato
f
Mei - ne Lie - - - be ist grün
O my love like the li - -
wie der Flie - der - busch, und mein
lac is fresh and green, And my
Lieb ist schön wie die Son - - ne, mein
love is fair as the sun - - shine, my

Lieb ist schön wie die Son - ne; die
love is fair as the sun - shine! Its
glänzt wohl her - ab auf den Flie - der - busch und
rays are so warm on the li - lac bush and
füllt ihn mit Duft und mit Won - ne, und
fill it with joy and with fra - grance, and
p

füllt ihn mit Duft und mit
fill it with joy and with
Won - - - ne.
fra - - - grance.
string.
f
string.
poco ten.
f
p
p

f
Mei - ne See - - - le hat Schwin -
O my soul has the wings
- gen der Nach - ti - gall und
of the night - in - gale, And
wiegt sich in blü - hen - dem Flie - der, und
cra - dled in blos - som - ing li - lac, and

wiegt sich in blü - hen - dem Flie - der, und
cra - dled in blos - som - ing li - lac, In
jauch - zet und sin - get vom Duft be - rauscht viel
wild ex - ul - ta - tion, it sings with joy an
p
lie - bes - trun - ke - ne Lie - der, viel
ir - re - sist - i - ble love - song, an
f
f

lie - bes - trun - ke - ne
ir - re - sist - i - ble
Lie - - - der.
love - - - song.
string.
f
string.
poco ten.
f
p
p
p
Ped.
p

In der Frühe
At Daybreak

Eduard Mörike
English version by Florence Easton

Hugo Wolf
Mörike Lieder, No. 24
Composed 1888

Sehr getragen und schwer
Very sustained, heavily and darkly
Kein Schlaf noch kühlt das Au - ge mir,
And still no sleep has cooled my eyes!
sf p
sf p
dort ge - het schon der Tag her - für an mei - nem Kam - mer - fen - ster.
Al - read - y through my win - dow I can see that day is dawn - ing.
pp
Es wüh - let mein ver - stör - ter Sinn noch zwi - schen
My mind is so dis - tressed with an - guish, that I
pp
sf p
sf p

Zwei-feln her und hin und schaf-fet Nacht-ge-spen-ster.
find no peace or rest, but on-ly dreams a-larm-ing.
sf
p
sf
p
p
pp
innig und zart
(with deep, tender feeling)
p
Äng-st'ge, quä-le dich nicht län-ger, mei-ne See-le!
Lost one, doubt_thy-self no long-er, troub-led spir-it!
pp sehr weich (very soft)
p
Freu dich! Schon sind da und dor-ten Mor-gen-
Cour-age! For from ev-'ry stee-ple, bells of
mf
p
pp
pp
glo-cken wach_ ge-wor-den.
morn-ing wake_ from slum-ber.
pp
allmählich verklingend (gradually dying away)
pppp

Lebe wohl!
Farewell

Eduard Mörike
English version by Florence Easton

Hugo Wolf
Mörike Lieder, No. 36
Composed 1888

Sehr langsam, innig und leidenschaftlich
Very slowly, and with passionate fervor

p
„Le - be wohl!" Du füh - lest nicht,
"Fare you well!" You do not know
pp
cresc.
f
p
was es heisst, dies Wort der Schmer - zen; mit ge -
what de - spair these words have brought to me. With un -
ff
p
espress.
tro - stem An - ge - sicht sag - test du's und
daunt - ed count - en - ance you but said, with
mfp
mfp

pp
leich - tem Her - zen.
heart so care - free,
Le - be wohl!
"Fare you well!"
sf
pp
immer gesteigerter
f (gradually louder)
Ach tau - send - mal hab ich mir es vor - ge - spro - chen,
A thou - sand times I my - self these words have spo - ken
f
nachlassend
(slackening the time)
p
und in nim - mer - sat - ter Qual mir das Herz da - mit ge -
in the hope that my sad heart might at last by them be
ff
bro - chen!
bro - ken!
pp

Nun wandre, Maria

Go forth now, sweet Mary

Translated by Paul Heyse
from the Spanish of Ocaña
English version by Florence Easton

Hugo Wolf
Spanisches Liederbuch I, No.3
Composed 1889
Der heilige Josef singt
(St. Joseph sings)

Langsam und ruhig
Slowly and tranquilly
p
Nun
Go
p
wan - dre, Ma - ri - a, nun wan - dre nur fort. Schon
forth now, sweet Ma - ry, go forth with - out fear. We
pp
krä - hen die Häh - ne und nah ist der Ort. Nun
hear the cocks crow - ing, the vil - lage is near. Go

wan - dre, Ge - lieb - te, du Klein - od mein, und
forth now, be - lov - ed, my trea - sure rare, Be -
p
bal - de wir wer - den in Beth - le - hem sein. Dann
fore us lies Beth - le - hem, soon we'll be there. You'll
dim.
pp
p
ru - hest du fein und schlum - merst dort. Schon
find rest and peace, so have no fear. We
pp
krä - hen die Häh - ne und nah ist der Ort.
hear the cocks crow - ing, the vil - lage is near.

Wohl seh ich, Her - rin, die Kraft dir schwin-den;
You're wea - ry, La - dy, your strength is wan - ing;
kann dei - ne Schmer - zen, ach, kaum ver - win - den.
But though you suf - fer, there's no com - plain - ing.
Ge - trost! wohl fin - den wir Her - berg dort;
Take hope! We'll sure - ly find shel - ter here;
schon kräh'n die Häh - ne und nah ist der Ort.
We hear the cocks crow, the vil - lage is near.

pp
Wär' erst be-stan-den, dein Stünd-lein, Ma-rie, die gu-te Bot-schaft
Af-ter your dark hour of trav-ail is o'er, As grate-ful to-ken,
pp
sehr zart
(very tenderly)
gut lohnt' ich sie. Das E-se-lein hie gäb' ich drum fort! Schon
(Oh, had we more!) The don-key we'll give, he is our best! We
wie aus weiter Ferne
(as from a distance)
pp
krä-hen die Häh-ne, komm! nah ist der
hear the cocks crow-ing, Come! there you'll find
pp
dim.
Ort.
rest.
ppp

Und willst du deinen Liebsten sterben sehen

If you desire to see a dying lover

Translated by Paul Heyse
from a popular song
in Tommaseo's Collection of Tuscan Songs
English version by Florence Easton

Hugo Wolf
Italienisches Liederbuch, No. 17
Composed 1891

Langsam und getragen
Slow and sustained

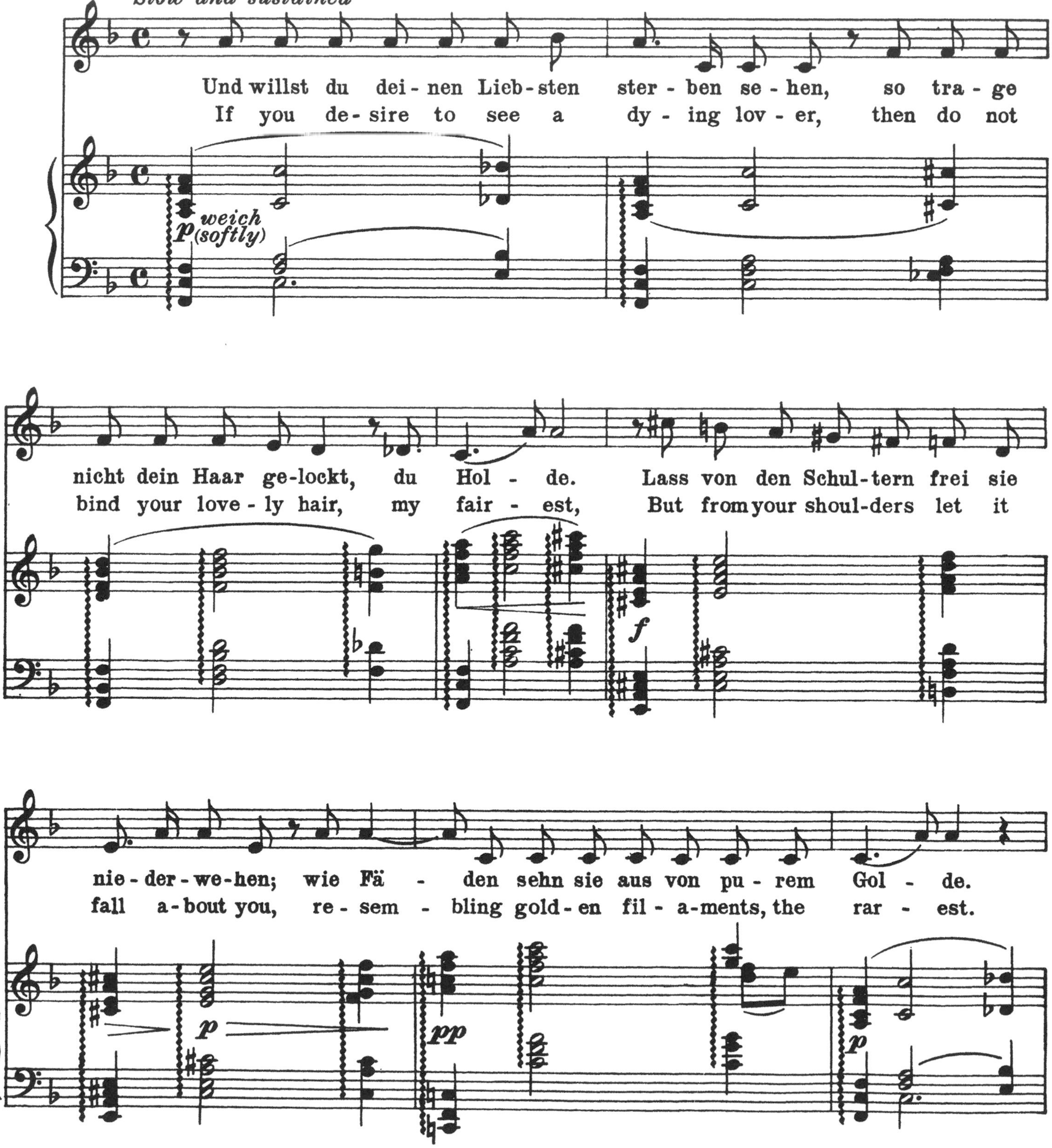
weich
p (softly)
Und willst du dei-nen Lieb-sten ster-ben se-hen, so tra-ge
If you de-sire to see a dy-ing lov-er, then do not
nicht dein Haar ge-lockt, du Hol-de. Lass von den Schul-tern frei sie
bind your love-ly hair, my fair-est, But from your shoul-ders let it
f
nie-der-we-hen; wie Fä-den sehn sie aus von pu-rem Gol-de.
fall a-bout you, re-sem-bling gold-en fil-a-ments, the rar-est.
p
pp
p

Sehr ruhig (♩= 44)
(Very calmly)
pp
Wie gold- ne Fä - den, die der Wind be - wegt,
Like gold- en sun - shine, float-ing through the air,
più p
pp sehr weich und zart (very softly and tenderly)
zart
(tenderly)
schön sind die Haa - re, schön ist, die sie trägt!
your hair is love - ly, and you just as fair!
pp
Gold - fä - den, Sei - den - fä - den un - ge - zählt,
Like gold, spun soft and silk - en, won - drous rare,
p
mf
pp
Ped.
pp
schön sind die Haa - re, schön ist, die sie strählt!
no - where such tress - es, no-where one so fair!
pp
Ped.
p
dim.
pp

Verborgenheit

Secrecy

Eduard Mörike
English version by Florence Easton

Hugo Wolf
Mörike Lieder, No. 12
Composed 1888

Mässig und sehr innig
Slowly and with great feeling
Lass, o Welt, o
Peace, O World, O
p
pp
lass mich sein! lo - cket nicht mit Lie - bes - ga - ben,
grant me peace! Lure me not with love's sweet boun - ties.
lasst dies Herz al - lei - ne ha - ben sei - ne Won -
Let my heart, un - tram - meled, cher - ish all its rap -
pp

rit.
a tempo
-ne, sei-ne Pein! Was ich trau-re, weiss ich nicht,—
-ture, all its pain! Ah, I know not why I grieve,
rit.
a tempo
mf
es ist un-be-kann-tes We-he; im-mer-dar durch
'tis an un-known, poign-ant sad-ness. Ev-'ry dawn, through
f
p
Thrä-nen se-he ich der Son-ne lie-bes Licht.
tears that blind me, I be-hold the light of day.
8
pp
nach und nach belebter und leidenschaftlicher
(with increasing passion and animation)
Oft bin ich mir kaum be-wusst,—
Oft I feel my sen-ses wane,—
8
pp

und die hel - le Freu - de zü - cket durch die Schwe - re,
then a ray of hope — en - thralls me, through the dark - ness,
so mich drü - cket, won - nig - lich in mei - ner Brust.
close - ly holds me. Joy di - vine then fills my breast.
rit.
Tempo I
Lass, o Welt, o lass mich sein! lo - cket nicht mit Lie - bes - ga - ben,
Peace, O World, O grant me peace! Lure me not with love's sweet boun - ties.
lasst dies Herz al - lei - ne ha - ben sei - ne Won - ne, sei - ne Pein!
Let my heart, un - tram - meled, cher - ish all its rap - ture, all its pain!
rit.

Mignon

Johann Wolfgang von Goethe
English version by Florence Easton

Hugo Wolf
Goethe Lieder, No. 9
Composed 1888-89

Langsam und sehr ausdrucksvoll
Slowly and with great expression
p
p
Kennst du das Land, wo die Zi - tro - nen blühn, ___
Know you that land where fruit so rich - ly grows, ___
hervortretend (the melody well marked)
zart (delicately)
pp
pp
p molto espr.
poco a poco cresc.
pp
___ im dunk-len Laub die Gold - o - ran-gen glühn,
___ on shad-ing trees the gold - en or - ange glows,
mf
p

ein sanf-ter Wind vom blau-en Him-mel weht,
the balm-y air sweeps down from heav'ns so blue,
p
die Myr-te still und hoch der Lor-beer steht,
sweet myr-tle blooms, and lau-rels of ev-'ry hue,
cresc.
f
p
Belebt
(animated)
leidenschaftlich
(with passion)
f
poco rit.
ruhiger
(more calmly)
Kennst du es
Know you that
wohl?
land?
belebt
(animated)
molto cresc.
più f
poco rit.
ruhiger
(more calmly)
Kennst du es
Know you it
p

wohl?
well?
pp dim.
Tempo I°
leidenschaftlich hingebend (surrendering to passionate emotion)
Da - hin! da - hin!
'Tis there! 'tis there!
p
f
p
möcht' ich mit dir, o mein Ge-lieb - ter,
ah, there with you, my love, that I would
fp molto cresc.
f
f
pp
ziehn.
go.
p

Kennst du das Haus? auf Säu - len ruht sein Dach,
Know you that house? its roofs by col-umns borne;
espr.
pp poco a poco cresc.
es glänzt der Saal, es schim - mert das Ge -
the hall is gay, the rooms are bright and
mf
mach,
warm,
und Mar-mor-bil-der
the stat-ues seem to
stehn und sehn mich an:
ask, as though they knew:
was hat man dir,
"O hap-less child,

— du ar - mes Kind, ge - tan?
— what have they done to you?"
pp
Belebt
(animated)
leidenschaftlich
(with passionate emotion)
f
poco rit.
ruhiger
(more calmly)
Kennst du es
Know you that
p
belebt
(animated)
wohl?
house?
molto cresc.
più f
poco rit.
ruhiger
(more calmly)
Kennst du es
Know you it
p
wohl?
well?
pp
dim.

Tempo I°
leidenschaftlich hingebend
(surrendering to passionate emotion)

Da - hin! da - hin!
'Tis there! 'tis there!
p
f
p
möcht' ich mit dir, o mein Be-schü - tzer,
ah, there would I with you, my guard - ian,
fp molto cresc.
f
f
pp
Ped.
ziehn.
go.
p
Kennst du den Berg und sei - nen
Know you the moun-tains which dark
espr.
pp

Wol - ken - steg? Das Maul - tier sucht im Ne -
clouds con - ceal? where mules through fog their drear -
- - bel sei - nen Weg; in Höh - len
- - y way must feel; in cav - erns
cresc.
mf
pp
wohnt der Dra - chen al - te Brut; es stürzt
deep the drag - on's brood will grow; the rocks
p
molto cresc.
der Fels und ü - ber ihn die Flut.
are cleft, and rag - ing tor - rents flow.
f
più f
ff

ff
f
p
Belebt
(animated)
leidenschlaftlich
(with passionate emotion)
ruhiger
(more calmly)
Kennst du ihn
Know you it
ff
poco rit.
p
wohl?
well?
belebt
(animated)
ruhiger
(more calmly)
Kennst du ihn
Know you it
molto cresc.
ff
dim.
poco rit.
p
wohl?
well?
pp
dim.

Tempo I°
leidenschaftlich hingebend
(surrendering to passionate emotion)
Da - hin! da - hin!
'Tis there! 'tis there!
geht un - ser Weg! O Va - ter, lass uns
our way lies there! O fa - ther, let us
p
f
fp molto cresc.
colla voce
pp
Ped.
ziehn! lass uns
go! let us
ziehn!
go!
ppp

Auf dem grünen Balcon

From her balcony green

Translated by Paul Heyse
from an anonymous Spanish poem
English version by Florence Easton

Hugo Wolf
Spanisches Liederbuch II, No. 5
Composed 1889

Leicht bewegt, anmuthig
With swift and delicate motion; gracefully
Auf dem grü-nen Bal-con mein Mäd-chen schaut nach mir durch's
From her bal-co-ny green my maid-en peeps at me who
pp dolce
Git-ter-lein. Mit den Au-gen blin-zelt sie freund-lich,
waits be-low. With her eyes she coy-ly beck-ons,
cresc.
fresh pedal with each change of harmony
mit dem Fin-ger sagt sie mir: Nein!
but her fin-ger al-ways says: "No!"
f
pp

Glück, das nim - mer oh - ne
Luck so sel - dom aids young
Wan - ken jun - ger Lie - be folgt hie - nie - den, hat mir ei - ne Lust be -
lov - ers when they seek a new ad - ven - ture. I my - self, I dared to
schie - den, und auch da noch muss ich schwan - ken. Schmei - cheln hör' ich
ven - ture, but here al - so doubts as - sail me. First she flat - ters,
f
p
3

o-der Zan-ken, komm' ich an ihr Fen-ster-läd - - chen.
then she quar-rels, when I pass be - neath her win - - dow.
f
p
dim.
pp
Im-mer nach dem Brauch der Mäd-chen träuft ins Glück ein
Al-ways, as one knows with maid-ens, they must mix their
bis-chen Pein: Mit den Au-gen blin-zelt sie freund-lich,
joy with woe. With her eyes she coy - ly beck-ons,
cresc.

mit dem Fin - ger sagt__ sie mir: Nein!
but her fin - ger al - ways says: "No!"
f
pp
Wie sich nur in ihr ver-tra - gen
How, a - las, can I en-dure it,
f
ih-re Käl - te, mei-ne Gluth? Weil in ihr mein Him-mel ruht,
all her cold-ness, all my fire, and her love my one de - sire!
f
f
3

seh' ich Trüb und Hell sich ja - gen. In den Wind gehn mei-ne Kla-gen,
But, I fear, we'll ne'er be mat - ed. As a lov - er, I seem fat - ed,
f
f
p
dass noch nie die sü - sse Klei - ne ih - re Ar - me schlang um mei -
for this cold and charm-ing beau - ty, she has nev - er once em-braced
f
p
dim.
rit.
a tempo
pp
- ne; doch sie hält mich
me. She's be-witched me,
a tempo
pp
ppp
rit.
pp

hin so fein,
this I know.
mit den Au - gen blin-zelt sie
With her eyes she coy - ly
3
freund-lich, mit dem Fin - ger sagt sie mir:
beck - ons, but her fin - ger al - ways says:
mf
p
Nein!
"No!"
pp
3
p
poco rit.
pp
Ped.
*

Nimmersatte Liebe

Insatiable Love

Eduard Mörike
English version by Florence Easton

Hugo Wolf
Mörike Lieder, No. 9
Composed 1888

Sehr mässig
Moderato
sf
p
sf
p
p
So
'Tis
ist die Lieb'! So ist die Lieb'! Mit Küs-sen nicht zu stil-len: wer
true, a-las, that love is not with just a kiss a-bat-ed. Who'd
ist der Tor und will ein Sieb mit ei-tel Was-ser fül-len? und
try to fill a sieve with wa-ter must be shal-low-pat-ed! And
rit.
rit.

a tempo
poco riten.
p
schöpfst du an die tau - sand Jahr, und küs-sest e - wig, e - wig gar, du
though you strive for years ga - lore, and kiss your loved one ev - er - more, so
a tempo
cresc.
ff
poco riten.
tust ihr nie zu Wil - len. Die
sel - dom love is sat - ed! 'Tis
pp
ausdrucksvoll
(expressively)
p
etwas belebter
(with more animation)
Lieb', die Lieb' hat al - le Stund' neu wun - der-lich Ge - lü - sten; wir
true that love will ev - 'ry hour for thrills a - new be yearn - ing, And
pp
p
f
riten.
zart
(tenderly)
bis - sen uns die Lip - pen wund, da wir uns heu - te küss - ten. Das
though our lips are bruised and sore, for kiss - es still they're burn - ing. The
riten.
pp

immer erregter
(with increasing emotion)
Mäd - chen hielt in gu - ter Ruh', wie's Lämm-lein un-term Mes - ser; ihr
maid - en holds so still the while, like some poor lamb ex - pir - ing; Her
cresc.
ritard.
Au - ge bat: nur im - mer zu, je we - her des-to bes - ser!
eyes im-plore for more and more, of kiss - es nev-er tir - ing.
f ritard.
dim.
p
a tempo
ritard.
So ist die Lieb', und war auch so, wie lang es Lie - be
And that is love on earth be-low, per - haps in Heav'n a -
a tempo
pp
p
ritard.

mit Humor
(with humor)
a tempo
gibt, und an-ders war Herr Sa - lo - mo, der Wei - se, nicht ver -
bove, And e - ven wise King Sol - o - mon no oth - er way found
a tempo
p
a tempo
p
liebt, und an-ders war Herr Sa - lo-mo, der Wei - se, nicht ver -
love, Yes, e - ven wise King Sol - o-mon no oth - er way found
a tempo
rit.
f
ff
p
liebt.
love!
sf
sf
sf
p

In dem Schatten meiner Locken

In the shadow of my tresses

Paul Heyse
English version by Florence Easton

Hugo Wolf
Spanisches Liederbuch II, No. 2
Composed 1889-90

Leicht, zart, nicht schnell
In a light, delicate style and not fast
p
molto riten.
3
In dem Schat - ten mei-ner Lo-cken schlief mir mein Ge - lieb - ter
In the shad - ow of my tress-es, fast a - sleep my loved one
pp
molto riten.
a tempo
pp
ein.
lies.
Weck' ich ihn nun auf?
Shall I wake my love?
a tempo
sempre ppp
Ach nein!
Ah, no!
f
Sorg - lich
With such
p
mf

strählt' ich mei - ne krau - sen Lo - cken täg - lich in der Frü - he,
care I comb my curl - ing tress - es ear - ly in the morn - ing,
doch um - sonst ist mei - ne Mü - he, weil die
but in vain is all my troub - le, by the
Win - de sie zer - sau - sen.
wind they're soon en - tan - gled.
Lo - cken - schat - ten, Win - des - sau - sen schlä - fer - ten den Lieb - sten ein.
Tan - gled tress - es, blown by soft winds, they have lulled my love to sleep.
poco rit.
poco rit.

a tempo
Weck' ich ihn nun auf?— Ach nein!— Hö-ren muss ich, wie ihn grä-me, dass er schmach-tet schon so lan-ge, dass ihr Le-ben geb' und neh-me die-se mei-ne brau-ne Wan-ge.
Shall I wake my love?— Ah, no!— I must lis-ten, as he chides me, that his grief is past en-dur-ing, that he lives and dies each mo-ment, gaz-ing on my charms al-lur-ing.

Und er nennt mich sei - ne
"Vix - en," he has of - ten
p
Schlan - ge,
called me,
p molto riten.
und doch schlief er bei mir ein.
yet he sleeps here at my side.
molto riten.
pp
a tempo
a tempo
sempre ppp
pp
Weck' ich ihn nun auf?
Shall I wake my love?
Ach nein!
Ah, no!
p
dim.
pp
Ped.
*

Bescheidene Liebe
The Unpretentious Lover

Hugo Wolf
Lieder aus der Jugendzeit, No. 13
Composed 1877

Anonymous
English version by Florence Easton

Launig
With humor
pp
1. Ich bin wie and - re Mäd - chen nicht, die, wenn sie lie - ben,
1. I'm not like oth - er maids you know, who, when they love, keep
rit.
schwei - gen und ihr Ge - heim - nis hü - tend stumm, das kran - ke Köpf - chen
sigh - ing, Who nev - er once re - veal their thoughts, but spend their lives in
a tempo
nei - gen. Ja, mei - ne Lie - be ist nicht stumm, mein Plau - dern geb ich
cry - ing. Now that is not the way I love, I'm not a tongue - tied

nicht dar - um; ich lie - be doch ganz ei - gen, ich lie - be doch ganz
tur - tle - dove, But love in my own fash - ion, but love in my own
ei - gen.
fash - ion.
mf
2. Ich bin wie and - re Mäd - chen nicht, die, wenn sie lie - ben, hof - fen, ich
2. I'm not like oth - er maids you know, who make of love a sad - ness, I
pp
tra - ge mei - ne Lieb zur Schau vor al - ler Welt ganz of - fen. Oft
tell the whole world I'm in love, and let it share my glad - ness. Some-
rit.
a tempo

hat mich schon lieb Müt - ter - lein mit dem Herz - al - ler - lieb - sten mein beim
times my sweet-heart comes to call, and moth-er finds no fault at all, But
Ko - sen an - ge - trof - fen, beim Ko - sen an - ge - trof - fen.
smiles at love's young mad - ness, but smiles at love's young mad - ness.
mf
3. Ich bin wie and - re Mäd - chen nicht, doch glück - lich, wie ich glau - be, denn
3. I'm not like oth - er maids you know, I'm hap - py, I'm con - tent - ed. My
pp

rit.
a tempo
mei - ne Lie - be rich - tet sich auf Trau - ring nicht und Hau - be. Er
days are full of love and joy, by doubt-ings not tor - ment - ed. My
rit.
a tempo
bleibt mein trau - ter Bräu - ti - gam, er girrt so süss, er ist so zahm, mein
lov - er's kind, and thought-ful too, He's mine a - lone, his heart is true, My
Lieb ist mei - ne Tau - be, mein Lieb ist mei - ne Tau - be.
choice I've not re - pent - ed, my choice I've not re - pent - ed.
mf

Morgen

Tomorrow

John Henry Mackay
English version by Florence Easton

Richard Strauss, Op. 27, No. 4
Composed 1893

Langsam
Lento
molto cantabile
p
Ped.
*

p molto tranquillo
Und mor-gen wird die Son-ne wie - der schei - nen, und auf dem
To-mor-row morn a - gain we'll see the sun - shine, and on that
p
We - ge, den ich ge - hen wer - de, wird uns, die Glück - li - chen,
path - way where I go to meet you, once more in hap - pi-ness
sie wie - der ei - nen in - mit - ten die-ser son - nen-at - men-den
we'll be u - nit - ed, sur-round-ed by a world of sun - light and
Er - de, und zu dem Strand, dem wei - ten, wo - gen -
glad - ness. And towards that far hor - i - zon, soft and

blau - en, wer-den wir still und lang-sam nie-der-stei-gen,
haz - y, your hand in mine, con-tent, we'll slow-ly wan-der.
pp
Ped.
Ped.
Ped.
Ped.
*
stumm_ wer-den wir uns in die Au - gen schau - en,
Mute,_ we'll gaze in each oth-er's eyes, en-rap - tured,
pp
Ped.
Ped.
sempre più tranquillo
und auf uns sinkt des Glü - ckes stum-mes Schwei - gen.
while on us falls a bliss - ful, won-drous si - lence.
Ped.
Ped.
*
p
ppp
Ped.
Ped.
*

Cäcilie
Cecilia

Heinrich Hart
English version by Florence Easton

Richard Strauss, Op. 27, No. 2
Composed 1893

Sehr lebhaft und drängend
Vivo e con ardore
ff
con Ped.
mf
Wenn du es wüss - test, was
Could you but know, love, the
dim. p
träu - men heisst von bren-nen-den Küs - sen, von Wan - dern und
joy su-preme to dream of warm kiss - es, of roam - ing at

Ru - hen mit der Ge - lieb - ten, Aug' in Au - ge,
peace with one's own be - lov - ed, gaz - ing fond - ly,
p
und ko - send und plau - dernd, wenn du es wüss - test,
and whis - per-ing love - thoughts, could you but know, love,
3
cresc.
du neig - test dein Herz! Wenn du es wüss - test,
your heart would be mine! Could you but know, love,
3
f
f

dim.
mp
was ban - gen heisst in ein - sa-men Näch - ten,
the dread and fear of nights long and lone - ly,
dim.
p
mp
mp
um-schau - - ert vom Sturm, da nie - - mand
sur-round - - ed by storm, with no - - one
tr
pp
trö - stet mil - den Mun - des die kampf-mü-de See - le,
car - ing, none to com - fort the strife-wea-ry spir - it,
3
3
cresc.
3

cresc.
3
f
wenn du es wüss - test, du kä - - mest zu
could you but know, love, you'd hast - - en to
cresc.
mir.
me.
f
ff
f
3
Wenn du es wüss-test, was le - - - ben heisst, um -
Could you but know, love, the joy of life, the
dim.
3

haucht von der Gott - heit
spir - it of won - drous,
p
welt - schaf - fen-dem A - tem,
life - giv - ing cre - a - tion,
zu schwe - ben em - por,
to drift through the sky,
pp
cresc.

cresc.
licht - ge - tra - gen, zu se - li - gen
borne on light wings to ho - li - est
Höh'n,
heights,
f
f
wenn du es wüss - test, wenn du es wüss-test,
could you but know, love, you'd live for - ev - er
3
cresc.
3
3
3

ff
du leb - - - - -
in rap - - - - -
ff
6
- - test mit mir!
- - - ture with me!
dim.
3
3
cresc.
ff

Ständchen
Serenade

Adolf Friedrich von Schack
English version by Florence Easton

Richard Strauss, Op. 17, No. 2
Composed 1886

Vivace e dolce
pp
Mach' auf, mach'
Come out! come
pp
Ped. una corda
auf, doch lei - - se, mein Kind, um
out! but soft - - ly, my child, that
Kein - en vom Schlum - mer zu weck - en,
no one from slum - ber a - wak - en!
r. h.
*
Ped.

kaum mur-melt der Bach, kaum
The brook is so still, the
zit-tert im Wind ein Blatt an den Bü-
wind scarce-ly stirs a leaf on the hedg-
-schen und Heck-en. D'rum
-es and bush-es. So,
lei-se, mein Mäd-chen, dass nichts sich regt,
gen-tly, my maid-en, that none a-wake,
pp
Ped.

— nur lei - se die Hand ___ auf die Klin - ke ge - legt.
— just lift up the latch ___ and then o - pen the gate!
pp
Mit Trit - ten, wie
With foot - steps, with
Trit - te der El - - fen so sacht,
foot - steps like elves ___ on the grass,
um ü - ber die Blu - - men zu hüp - fen,
light - ly skip - ping o - - ver the flow - ers,
pp
l.h.

Flieg' leicht hin - aus in die
Oh, come, fly out in the
Mond-schein-nacht, zu mir in den Gar -
moon - lit night where I in the gar -
- ten zu schlüp-fen. Rings
- den a-wait you. The
schlum - mern die Blü - then am rie-seln-den Bach
sweet - scent-ed flow - ers by mur-mur-ing streams,

un poco rit.
— und duf - ten im Schlaf, nur die Lie - be ist wach!
— They all are a - sleep, ou - ly love is a - wake!
un poco rit.
a tempo
Sitz' nie - der, hier däm - mert's ge - heim - niss - voll un - ter den
Come near me in twi - light mys - te - ri - ous, un - der the
ppp
segue

Lin - - den - bäu - men,
lime - - tree's branch - es,
die Nach - - ti - gall
the night - - in - gale
uns zu Häup - - ten soll
hov - 'ring o'er us sees
von un - s'ren Küs - - sen
with en - vy our sweet

träu - men,
kiss - es,
espr.
Ped.
und die Ro - - se,
And the rose - - bud
espress.
tre
cresc.
wenn sie am Mor - gen er -
wakes in the morn's early
corde
wacht, hoch glüh'n,
light, glow - ing,

hoch glüh'n von den
glow - - ing with the
mf
Ped.
Won - - ne - schau - ern der
thrill - - ing won - ders of
p
espr.
Ped.
Nacht!
night!
Ped.
pp
una corda
Ped.

Heimkehr
Homecoming

Adolf Friedrich von Schack
English version by Florence Easton

Richard Strauss, Op. 15, No. 5
Composed 1885

Andante, molto cantabile
p
Lei - ser schwan - ken die Ä - ste,
Soft - ly branch - es are sway - ing,
pp
der Kahn fliegt u - fer-wärts; heim kehrt die
the boat sails toward the shore; home to her
dolce
Tau - be zum Ne - ste, zu dir kehrt heim mein
nest flies the white dove; my heart comes home to
ppp
dolce

mf un poco agitato
Herz.
you.
Ge-nug am schim-mern-den
E-nough of glit - ter - ing
pp
cresc.
mf un poco agitato
Ta - ge, wenn rings das Le - ben lärmt,
day - dreams, when life was end - less strife,
a tempo I
mit ir - rem Flü-gel-schla-ge ist es ins Wei - te ge-
with wings spread wide for roam-ing, wan-d'ring to far___ worlds un-
dim.
un poco calando
rit. pp a tempo
schwärmt. Doch nun die
known. For now the
a tempo
un poco calando
rit.
pp

Son - ne ge - schie - den und Stil - le sich senkt auf den
sun has de - part - ed and ev - 'ry-where si - lence does
Hain, fühlt es: bei dir ist der
reign. Now I know with you I'll find
Frie - den, die Ruh' bei dir al -
peace, with you, with you a -
lein.
lone.
dolce

Traum durch die Dämmerung

Dream in the Twilight

Otto Julius Bierbaum
English version by Florence Easton

Richard Strauss, Op. 29, No. 1
Composed 1894

Sehr ruhig
Molto tranquillo
pp legatissimo
con Ped.
Wei - te Wie - sen im Däm - mer - grau; die
Dis - tant mead - ows in twi - light gray; the
Son - ne ver-glomm, die Ster - ne ziehn, nun
sun sinks to rest, the stars ap - pear, and
espress.

pp
geh' ich hin zu der schön - sten Frau,
now I go to my la - dy fair.
pp
weit über Wiesen im Dämmergrau, tief in den
O - ver the meadows in twilight gray, deep in our
Busch von Jasmin. Durch Dämmergrau in der
loved jasmine bow'r. At close of day to the
pp
pp
Liebe Land; ich gehe nicht schnell, ich eile nicht; mich
land of love I wander at ease, I hasten not, by
espress.

zieht ein wei - ches, sam - te-nes Band durch Däm - mer-grau in der
bands of vel - vet soft - ly I'm drawn through twi - light gray to the
Lie - be Land, in ein blau - - es, mil - des
land of love, through the soft, blue eve - ning
immer ruhiger (aber nicht schleppen)
sempre più quieto (ma non strascinando)
Licht. Ich ge - he nicht schnell, ich ei - le nicht; durch
light. I wan - der at ease, I hast - en not, through
pp
Däm - mer-grau in der Lie - be Land, in ein mil-des, blau-es Licht.
twi - light gray to the land of love through the soft, blue eve-ning light.
ppp

Allerseelen
All Souls' Day

Hermann von Gilm
English version by Florence Easton

Richard Strauss, Op. 10, No. 8
Composed 1882

Tranquillo
p
Ped.
Ped.
p
Stell' auf den Tisch die duf-ten-den Re - se - den, die
Place here by me the mi-gnon-ette so fra - grant, And

letz - ten ro - then A - stern trag' her - bei, und lass uns
close be - side them as - ters bright and gay, And let us
pp
wie - der von der Lie - be re - den, wie einst im
speak a - gain of love's sweet rap - ture, As once in
pp
cresc.
Mai.
May.
mf dim.

p
Gib mir die Hand, dass ich sie heim-lich drü - cke, und wenn man's sieht,
Give me your hand, in se-cret I'll ca-ress it. Should oth - ers see,
mir ist es ei - ner-lei, gib mir nur ei - nen dei - ner sü - ssen
I'll care not what they say. A-gain en-thrall me with your glance so
pp
Bli - cke, wie einst im Mai.
ten - der, As once in May.
p con espressione
Es blüht und duf - tet heut auf je - dem
To - day on ev - 'ry grave the flow'rs are
con espressione

molto espress.
Gra - be, ein Tag im Jahr ist ja den To - den frei; komm an mein
bloom - ing, One day each year all who have died are free, Come to my
cresc.
Herz, dass ich dich wie - der ha - be wie einst im
heart, that I a - gain may hold you, As once in
ff
Mai, wie einst im
May, as once in
dim.
p
Mai.
May.
espr.

Zueignung
Dedication

Hermann von Gilm
English version by Florence Easton

Richard Strauss, Op. 10, No. 1
Composed 1882

Moderato
Ja, du weisst es, theu - re See - le, dass ich, fern von
Ah, thou know - est all my an - guish, That a - part from
dir, mich quä - le, Lie - be macht die Her - zen krank,
thee I lan - guish; Hearts that love to woe re - sign,

ha - be Dank.
Thanks be think!
con espressione
Ped. Ped. Ped. Ped. Ped. Ped. Ped.
mf
Einst hielt ich, der Frei - heit Ze - cher,
Once I yearned for free - dom's plea - sure,
p
Ped. Ped. Ped. Ped. Ped. Ped.
hoch den A - me - thi - sten Be - cher,
Held on high the wine - filled mea - sure,
Ped. Ped. Ped. Ped. Ped. Ped.

und du seg - ne - test den Trank,
Thou didst bless the crim - son wine,
ha - be Dank.
Thanks be thine!
con espr.
p
religioso
Und be-schworst dar - in die Bö - sen,
And thy love brought me sal - va - tion,
p

cresc.
bis ich, was ich nie ge - we - sen,
While I, filled with a - dor - a - tion,
cresc.
ff
hei - lig, hei - lig an's Herz dir sank,
Hal - lowed, hal - lowed, found love di - vine,
f
ff
ha - be Dank.
Thanks be thine!

Ich trage meine Minne

I wear my love

Karl Henckell
English version by Florence Easton

Richard Strauss, Op. 32, No. 1
Composed 1896

Andante con moto
Ich tra-ge mei-ne Min-ne vor Won-ne stumm im
I wear my love in si-lence, that none may know. With-
p
Her-zen und im Sin-ne mit mir her-um. Ja, dass ich
in my heart it dwells with me wher-e'er I go. Yes, since on
espressivo
dich ge-fun-den, du lie-bes Kind, das freut mich al-le
earth I found you, my pre-cious child, My days are filled with
espr.

Ta - ge, die mir be-schie - den sind.
glad-ness, you have my life be - guiled.
Und
And
pp
ob auch der Him-mel trü - be, kohl-schwarz die Nacht, hell
though all the heav'ns are cloud - ed, coal-black the night, My
f
espr.
mf
cresc.
leuch - tet mei-ner Lie - be gold - - son-ni-ge Pracht.
love shall be the sun - shine— gold, glo-ri-ous light.
Ped.

Und lügt auch die Welt in Sün - den, so tut mir's weh, die
And though all the world is sin - ful and full of woe, All
espr.
p
cresc.
sf
p
ar - ge muss er - blin - den vor dei - ner Un - - schuld, dei - ner Un -
e - vil must be blind - ed by one so ra - - diant, one as pure
cresc.
f
Ped.
*
Ped.
più tranquillo
wieder ruhiger
- schuld Schnee.
as snow.
Ich tra - ge mei - ne
I wear my love in
dim.
p
dim.
pp
*
Ped.
*

Min - ne vor Won - ne stumm im Her-zen und im Sin - ne mit
si - lence, that none may know, With-in my heart it dwells with me, wher-
mir her - um. Ja, dass ich dich ge-fun-den, du lie - bes Kind, das
e'er I go. Yes! since on earth I found you, my pre-cious child, My
cresc.
espr.
espr.
3
3
freut mich al - le Ta - ge, die mir be - schie - den sind.
days are filled with glad-ness, you have my life be - guiled!
3
dim.
3
pp

Heimliche Aufforderung

Secret Invitation

John Henry Mackay
English version by Florence Easton

Richard Strauss, Op. 27, No. 3
Composed 1893

Lebhaft
Vivace
Auf, he - be die fun - keln-de Scha-le em -
Come, once a-gain lift to your red lips the
f
Ped.
por zum Mund, und trin - ke beim Freu - - den -
spark - ling glass, and drink at this friend - - ly
Ped.
mah - le dein Herz ge-sund. Und wenn du sie
ban - quet your heart's de-sire. With gob-let in
dim.
Ped. Ped. *

dim.
p
hebst, so win - ke mir heim - lich zu, dann
hand, you give me a se - cret glance. I
p
pp
Ped.
lāch - - le ich und dann
sly - - ly smile, and then
trin - ke ich still wie du.
si - lent - ly drink with you.
p
pp
Und still gleich mir be -
And there we see, while

trach - te um uns das Heer der trunk-nen Schwät-zer-
gaz - ing a - round, a crowd of nois - y drink-ers,
cresc.
f
sfz
easily
ver-ach-te sie nicht zu sehr. Nein, he - be die
but do not be too se-vere. No, lift up your
p
f
blin - ken-de Scha - le, ge-füllt mit Wein,
shim - mer-ing glass, filled with spark - ling wine,
und lass beim lär - men-den Mah - le sie glück-lich sein.
and leave the clam - or-ous feast - ers in joy sub-lime.

Doch hast du das Mahl ge - nos - sen,
But when you have done with feast - ing
pp
poco a poco tranquillo
den Durst ge - stillt, dann ver - las - se der lau - ten Ge - nos - sen
and stilled your thirst, steal a - way from these ri - ot - ous com - rades,
poco a poco tranquillo
Ped.
*
pp
fest - freu - di - ges Bild, und
this pic - ture of joy, and
dim.
espr.
a tempo
wand - le hin - aus in den Gar -
wan - der a - lone to the ar -
a tempo
pp
Ped.

ten zum Ro - sen - strauch, dort
bor, our tryst - ing place. There
ppp
will ich dich dann er - war -
ea - ger - ly I a - wait
pp
Ped.
tranquillo
ten nach al - tem Brauch, und
you as oft be - fore, and
Ped.
will an die Brust dir sin - ken,
fond - ly my arms will hold you
p
Ped.

eh' du's ge-hofft,
close to my heart,
increasing
und dei - ne Küs - se trin - ken,
drink-ing a - gain the kiss - es
cresc.
wie eh - mals oft,
from your sweet mouth.
mf
und flech - ten in dei - ne Haa -
I'll twine in your hair a gar -
cresc.

re der Ro - - se Pracht o
land of ros - - es bright. O
komm, du wun - der -
come, you long - a -
ba - re er - sehn - - te
wait - ed, re - splen - - dent
Nacht, o komm, du wun - der -
night, O come, you long - a -
f
dim.
p
cresc.
f

ba - re er - sehn - - -
wait - ed, re - splen - - -
dim.
Ped.
- - te Nacht!
- - dent night!
pp
dim.
espr.
p
p
dim.
pp

Ruhe, meine Seele!

Rest Now, Weary Spirit

Karl Henckell
English version by Florence Easton

Richard Strauss, Op. 27, No. 1
Composed 1893

Langsam
Lento
mf
Ped.
Nicht ein Lüft-chen
Not a leaf stirs,
regt sich lei - se, sanft ent-schlum-mert ruht der Hain;
all is tran - quil, deep in slum - ber lies the vale;
l.h.
durch der Blät-ter dunk - le Hül - le stiehlt sich lich - ter
through the dark trees' spread-ing branch - es steal the rays of

Son - nen-schein. Ru - he, ru - he, mei-ne
gold - en sun. Rest now, rest now, wea-ry
l.h.
pp
p
See - le, dei - ne Stür - me gin - gen
spir - it. You dis-tressed and an - guished
wild, hast ge - tobt und hast ge-zit-tert, wie die
soul was op - pressed un-til it trem-bled, like the
sfz
r. h.
l.h.
Bran - dung, wenn sie schwillt! Die-se
break - ers on the strand. This e-
cresc.

Zei - ten sind ge - wal - tig, brin - gen Herz und Hirn in
mo - tion, all-con - sum - ing, filled your mind and heart with
Not—
dread.
Ru - he, ru - he, mei - ne See - le,
Rest now, rest now, wea - ry spir - it,
und ver - giss, und ver - giss, was dich be -
and for - get, yes, for - get what's past and
droht!
gone!
f
ff
p
dim.
pp
mp
r. h.
l. h.